Klinger/Klinger

Das Interne Kontrollsystem
im Unternehmen

Das Interne Kontrollsystem im Unternehmen

Checklisten, Organisationsanweisungen,
Praxisbeispiele und Muster-Prüfberichte

von

Dr. Michael A. Klinger
Wirtschaftsprüfer, Steuerberater, Unternehmensberater

Oskar Klinger
Unternehmensberater

Verlag Franz Vahlen München

VERLAG
VAHLEN
MÜNCHEN
www.vahlen.de

ISBN 978 3 8006 3656 3

© 2009 Verlag Franz Vahlen GmbH
Wilhelmstr. 9, 80801 München

Satz: Fotosatz Buck
Zweikirchener Straße 7, 84036 Kumhausen

Druck und Bindung: Druckhaus „Thomas Müntzer" GmbH
Neustädter Straße 1–4, 99947 Langensalza

Umschlaggestaltung: Ralph Zimmermann – Bureau Parapluie

Gedruckt auf säurefreiem, alterungsbeständigem Papier
(hergestellt aus chlorfrei gebleichtem Zellstoff)

Inhaltsverzeichnis

1 Einleitung

Das Interne Kontrollsystem (IKS) hat durch das „Gesetz zur Kontrolle und Transparenz im Unternehmensbereich" (KonTraG) vom 5.3.1998 und die enthaltene Verpflichtung für die Vorstände/Geschäftsführer (VS/GF) der Aktiengesellschaften, Kommanditgesellschaften auf Aktien (KGaA) und bestimmte GmbHs, ein Überwachungs- und Kontrollsystem zu führen, an Bedeutung gewonnen.

Das KonTraG verpflichtet jetzt die Geschäftsführung alle den Fortbestand der Gesellschaft gefährdende Entwicklungen durch ein Überwachungs- und Kontrollsystem frühzeitig zu erkennen und Schadensfälle zu vermeiden.

Außerdem ist der Abschlussprüfer gemäß §317 IV HGB verpflichtet die Einhaltung der neuen Vorschriften für das interne Kontrollsystem gemäß §91 II AktG zu prüfen, zu beurteilen und zum Bestandteil seines Prüfberichtes zu machen.

Eine detaillierte Beschreibung, was der Gesetzgeber unter dem Begriff Überwachungssystem versteht, gibt es weder im KonTraG noch in den §91 II AktG oder §317 IV HGB.

Das vom KonTraG geforderte Überwachungssystem lässt sich nur durch ein planvoll installiertes und dauernd den Veränderungen des Unternehmens anzupassendes **„Internes Kontrollsystem" (IKS)** erreichen.

In diesem Buch soll das IKS detailliert definiert und erläutert werden. Es sollen die Ziele, der Aufbau, die Gestaltung aber auch die Prüfung eines internen Kontrollsystems aufgezeigt werden, womit die Bedingungen des KonTraG und den §§91 II AktG und 317 IV HGB erfüllt werden können.

Durch Beispiele und Checklisten sollen auch Schäden aufgezeigt werden, die durch ein unzulängliches internes Kontrollsystem in den Unternehmen schon entstanden sind, für die der VS/GF bei Verschulden haftet.

Aus den Medien erfährt die Öffentlichkeit immer wieder Aufsehen erregende Schadensfälle in der Wirtschaft, die durch Unwirtschaftlichkeiten, Fahrlässigkeit oder wirtschaftskriminelle Handlungen verursacht wurden. Was die Öffentlichkeit aber übersieht ist, dass nur von den Spitzen der Eisberge berichtet wird. Kein Unternehmen hat ein Interesse daran, Schadensfälle an die große Glocke zu hängen.

Es müssen auch nicht immer spektakuläre Schadensfälle sein, die durch das IKS verhütet werden können. In den Checklisten dieses Buches sind viele hiervon aufgezeichnet.

Knappe Worte vorab zu diesem Buch

Im Sinne der leichten Lesbarkeit wird in den Ausführungen die männliche Schreibform verwendet. Selbstverständlich sind beide Geschlechter in gleichberechtigter Form angesprochen.

2 Definition und Zielsetzung des Internen Kontrollsystems

2.1 Die Interne Kontrolle ist eine Managementfunktion

Die klassischen Führungs- und Managementaufgaben für den VS/GF bestehen aus:

1. Zielsetzung und Planung	= Willensbildung
2. Entscheiden, Organisieren, Durchführen	= Willensdurchsetzung
3. Kontrollieren, Überwachen	= Willenssicherung

Man bezeichnet in der Betriebswirtschaft diesen sich immer wiederholenden Vorgang als Managementkreis. Demnach ist die oben angeführte 3. Phase – Kontrolle und Überwachung – die Feststellung, ob die Ergebnisse der Realisationsphase mit der Planung übereinstimmen (Soll-Ist-Vergleich). Die Kontrolle, ob die organisatorischen Regelungen wirksam waren und eingehalten wurden, ist ein unabdingbarer, nicht delegierbarer Teil der Führungsverantwortung. Nur durch Kontrolle und Überwachung können Verluste und Abweichungen rechtzeitig erkannt und Verluste vermieden und somit die Unternehmensziele realisiert werden. Leider wird diese letzte Managementaufgabe zu wenig wahrgenommen.

Von den Geschäftsführungen werden dann gerne die Argumente vorgebracht, dass man überlastet sei und zuwenig Zeit für diese Managementaufgabe habe. Außerdem habe man jahrelang bewährte Mitarbeiter, die keine ständige Überwachung benötigen. Die Willensicherung funktioniere auch kraft der eigenen unternehmerischen Autorität. Eine Organisation ohne Sicherung und Kontrolle ist aber wie ein Eisenbahnnetz ohne Signalanlagen.

In Wirklichkeit bevorzugen Unternehmer bzw. VS/GF den ihrer Meinung nach kreativeren Teil der Managementfunktion, nämlich die Planung und die Organisation der Durchführung. Für viele ist Kontrolle und Überwachung zu wenig schöpferisch und befriedigend.

In Kleinbetrieben reicht für die interne Kontrolle mehr oder weniger die persönliche Überwachungstätigkeit der ständig anwesenden Geschäftsführung. Bei wachsender Größe eines Unternehmens und damit verbundener Arbeitsteilung wird jedoch eine Systematisierung der Kontrolle notwendig, die bewusst gestaltet und immer wieder auf ihre Effektivität überprüft und verbessert werden muss.

Die Gesamtheit aller Methoden und Maßnahmen für diese Systematisierung der Kontrollfunktion wird als IKS bezeichnet.

2.2 Definitionen des Internen Kontrollsystems

Wie bereits in der Einleitung erwähnt, sind die Erläuterungen zum KonTraG nicht erschöpfend. Hier wird der Vorstand einer Aktiengesellschaft für ein angemessenes Risikomanagement und ein internen Überwachungssystem verantwortlich gemacht. Es sind geeignete Maßnahmen zu treffen, die die Erkennung von fortbestandgefährdenden Entwicklungen möglich machen.

Der Begriff des IKS basiert auf dem im Angloamerikanischen entwickelten Begriff des „Internal Control". Die Entstehung des Internal Control-Konzepts ist in starkem Maße als Reaktion auf Betrugs- und Unterschlagungsfälle in der amerikanischen Wirtschaft zu sehen. Es hatte auch die Aufgabe, menschliche Unzulänglichkeiten bei der Aufgabenerfüllung zu verhindern bzw. aufzudecken.

Das Internal Control formuliert vier unterschiedliche Anforderungen:

- Sicherung des Vermögens
- Maßnahmen zwecks Verlässlichkeit und Genauigkeit der Zahlen des Rechnungswesens
- Förderung der betrieblichen Effizienz
- Unterstützung der Einhaltung der vorgeschriebenen Geschäftspolitik.

Die Problematik, dass keine einheitliche Begriffsbestimmung bezüglich des Internal Control vorhanden war, gab es bis zum September 1992 auch im angloamerikanischen Raum. Im September 1992 wurde in den USA von dem „Committee for Sponsoring Organizations of the Treadway Commissions" unter dem Titel „Internal Control – Integrated Framework" eine Studie veröffentlicht.

Diese Studie hatte zum Ziel, die verschiedenen Internal Control Begriffe zu vereinheitlichen. Des Weiteren wurden Normen aufgestellt, mit denen die Unternehmen in die Lage versetzt werden sollten, ihre Internal Control-Systeme auf ihre Wirksamkeit hin zu beurteilen.

Folgende Ziele sollten mit einer möglichst hohen Wahrscheinlichkeit erreicht werden:

- Wirksamkeit und Effizienz der betrieblichen Abläufe
- Verlässlichkeit der finanziellen Berichterstattung
- Einhaltung der einschlägigen Gesetze und Vorschriften.

Die Österreichische Arbeitsgemeinschaft Interne Revision (ARGE IR) definiert das IKS in ihren Grundsätzen der Internen Revision als eine von der Unternehmensleitung bewusst gestaltete Gesamtheit von Methoden und Maßnahmen, die dazu bestimmt sind, die Vermögenswerte zu sichern, die Wirtschaftlichkeit zu erhöhen, die Einhaltung der Geschäftspolitik und die Genauigkeit und Zuverlässigkeit der betrieblichen Aufzeichnungen und des darauf basierenden Management-Informationssystem (MIS) zu gewährleisten.

Auch das Wirtschaftsprüfer-Handbuch sieht die wesentlichen Aufgaben des IKS wie folgt:

- Sicherung und Schutz des vorhandenen Vermögens vor Verlusten aller Art
- Gewinnung genauer, aussagefähiger und zeitnaher Aufzeichnungen

- Förderung des betrieblichen Wirkungsgrades durch Auswertung der Aufzeichnungen
- Unterstützung der Befolgung der vorgeschriebenen Geschäftspolitik.

Das American Institute of Certified Public Accountants nahm die vorgenannte Definition bereits im Jahre 1949 als Zielsetzung des „Internal Control" auf.

Die zuvor erwähnten Kriterien aus der einschlägigen Literatur lassen sich wie folgt zusammenfassen.

> Das IKS umfasst alle im Unternehmen planvoll gesetzten Methoden und Maßnahmen,
> - die das Vermögen des Unternehmens sichern
> - die betriebliche Effizienz und somit die Wirtschaftlichkeit steigern
> - die Zuverlässigkeit des Rechnungs- und Berichtswesens gewährleisten und
> - die Einhaltung der vorgeschriebenen Geschäftsrichtlinien und gesetzlichen Vorschriften sicherstellen.

2.3 Merkmale eines Zweckentsprechenden Internen Kontrollsystems

In jedem Unternehmen trifft man auf ein gewachsenes IKS. Diese gewachsenen Kontrollsysteme weisen die im vorigen Abschnitt geforderten Merkmale eines zweckentsprechenden IKS häufig nur teilweise auf und es ist daher geboten, sie durch entsprechende Reorganisationsmaßnahmen auf einen diesen Merkmalen entsprechenden Standard zu heben. Ein zweckentsprechendes bewusst gestaltetes, d.h. geplantes IKS sollte folgende Merkmale aufweisen:

- im Vordergrund sollte zunächst die Selbstkontrolle aller im Unternehmen Beschäftigten stehen
- die Intensität und Periodizität der Kontrollen sollte sich nach der Größe der jeweiligen Risiken bemessen
- bei der Risikeneinschätzung sollten nicht nur die in der Vergangenheit tatsächlich aufgetretenen, sondern auch die in Zukunft möglicherweise auftretenden Schäden berücksichtigt werden
- die Umgehungsmöglichkeiten von Kontrollen müssen minimiert werden
- die Kontrollen durch Menschen müssen weitgehend durch Kontrollen mittels technischer Einrichtungen ergänzt bzw. ersetzt werden
- es muss ein Management-Informations-System (MIS) vorhanden sein (Plankostenrechnungen, kurzfristige Erfolgsrechnungen, Verkaufsstatistiken, Investitionsrechnungen, Kalkulationen etc.)
- die Dokumentation aller Kontrollvorgänge ist unverzichtbar
- die Gewährleistung, dass jede Nachricht über ein Kontrollergebnis in hinreichend kurzer Zeit zu entsprechenden Maßnahmen durch die dafür bestimmten Steuerungs-, Regelungs- oder Entscheidungsorgane führt

- die Gewährleistung, dass durch Kontrollfeststellungen Lernprozesse ausgelöst werden und von ihnen Präventivwirkungen ausgehen
- eine genaue Festlegung, wo, in welchen Fällen, wann Vollkontrollen, Stichprobenkontrollen, Plausibilitätskontrollen anzuwenden sind.

Die Geschäftsführungen sollten überprüfen, ob das in ihrem Unternehmen vorhandene IKS vorstehende Merkmale aufweist.

2.4 Die Kontrollen

Kontrollen sind prozessgebundene Einrichtungen und Maßnahmen zur laufenden Überwachung und Regelung von Abläufen nach vorgegebenen Normen. Jede Kontrolle ist ein Soll-Ist-Vergleich. Ohne Soll-Vorgabe (Norm) ist somit eine Kontrolle nicht durchführbar.

Die Kontrollen sollten nicht unbedingt nebeneinander stehen, sondern nach Möglichkeit sinnvoll miteinander verknüpft sein. Nach Tunlichkeit sollte bei Ausfall eines bestimmten Kontrollvorgangs eine andere Kontrolle wirksam werden.

In einem gut funktionierenden System sollte keine Arbeit ohne Kontrolle bleiben.

Die Kontrolle geht in vier Einzelschritten vor sich:

- Erhebung des Ist-Zustandes/Ist-Daten
- Soll-Ist-Vergleich
- Analyse der Abweichungen
- Korrektive Maßnahmen.

Die Kontrolle umfasst technische und kaufmännische Arbeitsvorgänge (Material-, Qualitäts-, Ausschuss-, Rechnungs-, Budgetkontrollen etc.).

Sie sollte aber auch die Managementfunktionen erfassen. Eine ständige Überwachung z.B. der Unternehmensziele, der strategischen Unternehmensplanung, der Arbeitsergebnisse etc. sollte im internen Kontrollsystem eingebunden sein.

Kontrollen sollten nach Möglichkeit zwangsläufig in den betrieblichen Abläufen eingebaut sein. Kontrollen können vorgeschaltet, gleich- oder nachgeschaltet sein. Wesentlich ist nur, dass ein Soll-Ist-Vergleich möglich wird.

Insbesonders ist es möglich, bereits in der Software programmierte Kontrollen vorzusehen. Überhaupt ist die EDV ein wichtiges technisches Hilfsmittel zur Gestaltung des IKS.

Wie oben beschrieben, ist die Kontrolle und Überwachung eine unabdingbare Führungsaufgabe des VS/GF. Er kann sich zwar beraten und helfen lassen (z.B. durch die interne und externe Revision), für die Funktionsfähigkeit des IKS ist er aber letztlich selbst verantwortlich.

Der VS/GF handelt auf jeden Fall rechtswidrig, wenn er den ihm obliegenden Sorgfaltsstandard im IKS nicht einhält.

3 Verpflichtung des Vorstandes und des Geschäftsführers zur ordnungsgemäßen Geschäftsführung

Das KonTraG 1998 und der §91 II AktG sowie §317 IV HGB verpflichten den VS bzw. GF die Sorgfalt eines ordentlichen Geschäftsmannes anzuwenden. Der VS/GF, der diese Obliegenheiten verletzt, haftet der Gesellschaft gegenüber für den daraus entstandenen Schaden. Schaden ist jede Vermögensminderung, die durch fehlerhaftes Handeln oder Unterlassen des VS/GF hervorgerufen wird.

Aus der Pflicht des VS/GF zur umfassenden Wahrnehmung und Förderung der Gesellschaftsinteressen ergibt sich, dass er Schwachstellen und Fehler – immer im Rahmen des Zumutbaren und Möglichen – aufdecken und beseitigen muss. Er darf sich insofern weder Nachlässigkeit noch Gleichgültigkeit zu Schulden kommen lassen.

Die Mitglieder des Aufsichtsrates haften nämlich nicht für die Sorgfalt eines ordentlichen und gewissenhaften Geschäftsleiters, sondern nur für die Sorgfalt, die ein Organ, welches mit Überwachungsaufgaben betraut ist, aufzubringen hat.

Anlässlich der Prüfung des Jahresabschlusses sollte mit dem VS/GF das Bewusstsein der Haftungsrisiken hinsichtlich eines mangelhaften IKS hinterfragt werden. So kann der Abschlussprüfer einen wesentlichen Beitrag zur Sensibilisierung und zu seiner eigenen Risikoverringerung leisten.

Nachdem das KonTraG 1998 dem VS/GF die Verpflichtung zur Führung eines dem Unternehmen entsprechenden IKS gesetzlich vorschreibt und hierdurch die vorgenannten Sorgfaltspflichten verschärft wurden, ist anzunehmen, dass der VS/GF für eventuelle Schäden, die der Gesellschaft durch sein Verschulden aus einem mangelhaften IKS entstehen, haftet.

Zu ordnungsgemäßer und erfolgreicher Unternehmensführung und damit verbundener Schadensverhütung ist ein entsprechendes IKS im Unternehmen nunmehr gesetzlich verpflichtend einzuführen. Das Arbeitsgeschehen verläuft nicht immer geradlinig nach Plan.

Das IKS ist für die rasche Information solcher Soll-Ist-Abweichungen an den VS/GF unentbehrlich. Nur so können von ihr rasch korrigierende Maßnahmen umgehend gesetzt werden. Ein gut funktionierendes IKS dient auch als Frühwarnsystem für Unzulänglichkeiten und drohende Insolvenzen.

Eine Auswertung des Kreditschutzverbandes 1870 von 5.800 Insolvenzursachen zeigte schon 1999 folgendes Bild:

- 36 % sind auf Verlustquellen im innerbetrieblichen Bereich zurückzuführen
- 25 % sind auf Fahrlässigkeiten zurückzuführen und nur
- 29 % sind auf andere Ursachen (Kapitalmangel, außerbetriebliche Ursachen etc.) zurückzuführen.

Wie in der Definition des IKS bereits festgestellt, geht es im IKS nicht nur um die Abwendung von Schadensfällen, nicht bloß um die Kontrolle der Einhaltung von Richtlinien und Vorschriften und der Richtigkeit des Rechnungs- und Berichtswesens.

Das IKS muss vielmehr auch zur ständigen Verbesserung der betrieblichen Effizienz Methoden und Maßnahmen vorsehen, damit Verlustquellen rechtzeitig aufgespürt und Rationalisierungen, die zur Kostenoptimierung und Stärkung der Wettbewerbsfähigkeit beitragen, vorgenommen werden können.

Der VS/GF hat auch durch gezielte IKS-Maßnahmen dafür zu sorgen, dass dolose Handlungen von Mitarbeitern vermieden oder zumindest erschwert werden. Solche Handlungen sind vorsätzliche, geplante und durchgeführte geschäftsschädigende Handlungen mit der Absicht der persönlichen Bereicherung.

Deshalb ist es Aufgabe des VS/GF, mit Hilfe des IKS dolose Handlungen zu vermeiden bzw. anzuhalten. Solange Menschen mit sensiblen Arbeitsabläufen beschäftigt sind, besteht immer ein latentes Risiko.

Immer dann, wenn diese Gefahren aus mangelndem Kontrollbewusstsein, Vertrauensseligkeit oder Betriebsblindheit nicht erkannt oder unterschätzt werden, kommt es in den Unternehmen zu mehr oder weniger spektakulären Schadensfällen, die oft jahrelang unentdeckt bleiben.

Immer häufiger betrügen Mitarbeiter ihr Unternehmen. Nach Angaben der Hamburger Hermes Kreditversicherung AG nahmen die Delikte Veruntreuung, Betrug und Unterschlagung durch Beschäftigte in den letzten Jahren stark zu.

Die Wirtschaftskriminalität zählt mittlerweile zu den größten Geschäftsrisiken. Sicherheit gegen dolose Handlungen muss auch auf höchster Hierarchieebene gegeben sein. Oft werden diese Managementebenen von den Kontrollen des laufenden Geschäfts nicht erfasst. Andererseits verfügen gerade sie über eine Menge vertraulicher Informationen und Möglichkeiten für rechtswidrige Handlungen.

Auch das Strafgesetzbuch sieht folgende Handlungen als strafbare Tatbestände an:

StGB
§203   Verletzung von Berufsgeheimnissen
§242   Diebstahl
§266   Veruntreuung
§246   Unterschlagung
§263   Betrug
§263a Betrügerischer Datenmissbrauch (Computerbetrug)
§299   Bestechung
§303a Datenveränderung
§303b Datenbeschädigung

Für ein durch Fahrlässigkeit entstandenes, mangelhaftes IKS, das dolose Handlungen erst möglich macht, kann der VS/GF haftbar gemacht werden.

4 Die drei Säulen des Internen Kontrollsystems

Sicherheit, Wirtschaftlichkeit und Ordnungsmäßigkeit aller betrieblichen Abläufe sollen durch das IKS gewährleistet sein.

4.1 Sicherheit

Die Sicherheit von geschäftlichen Abläufen ist nur dann gegeben, wenn von der Geschäftsleitung alle wirtschaftlich vertretbaren Maßnahmen gesetzt wurden, um die Wahrscheinlichkeit eines Schadens im Vermögen zu minimieren.

In allen betrieblichen Abläufen gibt es Risikofaktoren für einen Schadenseintritt. Diese Risiken müssen nicht durch bewusst geschäftsschädigende Handlungen gegeben sein. Sie können auch durch technisches oder menschliches Versagen oder durch höhere Gewalt auftreten. Der VS/GF kann nicht immer alle Maßnahmen zur Sicherheit der Geschäftsabläufe setzen, wie er im Detail nicht alle Abläufe kennen muss. Er hat aber durch Delegation dafür zu sorgen, dass auch Sicherheitsmechanismen in den unteren Ebenen eingeführt und eingehalten werden. So hat er zum Beispiel sicherzustellen, dass jede Lieferung und Leistung zu einer Verrechnung (Faktura) führt, dass die Datensicherheit und die Sicherheit gegen Brand, Einbruch, Beraubung und Unfallschutz gegeben ist.

4.2 Wirtschaftlichkeit

Die betrieblichen Abläufe sind regelmäßig auf die Wirtschaftlichkeit zu überprüfen. Dazu gehört eine systematisierte Kosten- und Ertragskontrolle (z.B.: Überwachung des Energieverbrauches, präventive Instandhaltungspläne der Produktionsmittel, Überwachung der Lagerumschlagshäufigkeit und Bevorratungshöhe sowie eine Marktanteilüberwachung). Nicht alle Kontrollen können aus Kosten-Nutzenüberlegungen durchgeführt werden. Die Kosten einer Kontrolle dürfen nicht höher als der mögliche Schaden sein. Allerdings gilt dieses ökonomische Prinzip nur, wenn die Ordnungsmäßigkeit nicht gefährdet wird. Ein Restrisiko wird jedoch immer bleiben.

4.3 Ordnungsmäßigkeit

Die Ordnungsmäßigkeit in den Geschäftsabläufen ist nur dann gegeben, wenn folgendes gewährleistet ist:

- sachliche Richtigkeit
- formelle Richtigkeit
- Vollständigkeit
- termingerechte Durchführung
- Dokumentation
- Nachvollziehbarkeit
- Einhaltung der gesetzlichen Vorschriften.

Beispiel: Ordnungsmäßigkeit für den Geschäftsablauf „empfangene Lieferungen und Leistungen"

- Bedarfsmeldung
- Angebotseinholung
- Bestellung
- Wareneingang

1. Sachliche Richtigkeit: Wareneingang bestätigt, Rechnungsprüfung durchgeführt, Einhaltung Genehmigungsverfahren bei der Bedarfsmeldung.
2. Formelle Richtigkeit: Umsatzsteuergerechte Eingangsrechnungen.
3. Vollständigkeit: Wenn für alle erhaltenen Lieferungen und Leistungen Eingangsfakturen vorhanden sind.
4. Termingerecht: Die Rechnungslegung durch die Lieferungen, der Wareneingang und die Rechnungsprüfung sollen den termingerechten Vorsteuer- und Skontoabzug gewährleisten.
5. Dokumentation: Ablage des gesamten Beschaffungsvorganges muss vollständig, systematisch übersichtlich und leicht auffindbar sein.
6. Nachvollziehbarkeit: Die Vorgänge von der Bedarfsmeldung über die Angebotseinholung über die Bestellung zum Wareneingang müssen von einem sachverständigen Dritten in zumutbarer Zeit nachvollzogen werden können.
7. Einhaltung gesetzlicher Vorschriften: Die Beschaffung darf sich keiner illegalen Quellen bedienen (z.B. so genannter bedenklicher Ankauf, Pfuscherleistungen).

Beispiel: Ordnungsmäßigkeit bei EDV-Verbuchungen

1. Materielle Richtigkeit: Programmierte Sicherstellung, dass nur sachlich und rechnerisch richtige Belege verarbeitet werden.
2. Formelle Richtigkeit
   2.1 Belegentwertung
   2.2 Zuordnungsmerkmale
   - Konto/Kostenstelle
   - Gegenkonto
   - Beleghinweis
   - Buchungsraffungen
3. Vollständigkeit der Verarbeitung der Belege: ist durch programmierte Kontrollen zu erbringen

Beispiel: Ordnungsmäßigkeit bei EDV-Verbuchungen

4. Chronologien der Verarbeitung = termingerecht
5. Dokumentation:
   Beschreibung und Regelung der
   - Datenerfassung
   - Dateneingabe
   - Abstimmverfahren
   - Datensicherung
   - Überleitung der Daten an den Schnittstellen zu anderen Verfahren
   - Freigabeverfahren der Programme
6. Nachvollziehbarkeit
   6.1 Nachweis des ursprünglichen Inhalts bei Veränderungen
   6.2 Richtigkeit der Verarbeitung; muss durch sachverständigen Dritten in zumutbarer Zeit prüfbar sein.
7. Einhaltung gesetzlicher Vorschriften: Sichere und dauerhafte Speicherung der Daten im Rahmen der gesetzlichen Aufbewahrungspflicht.

5 Gliederung des Internen Kontrollsystems

Das IKS lässt sich wie folgt gliedern:

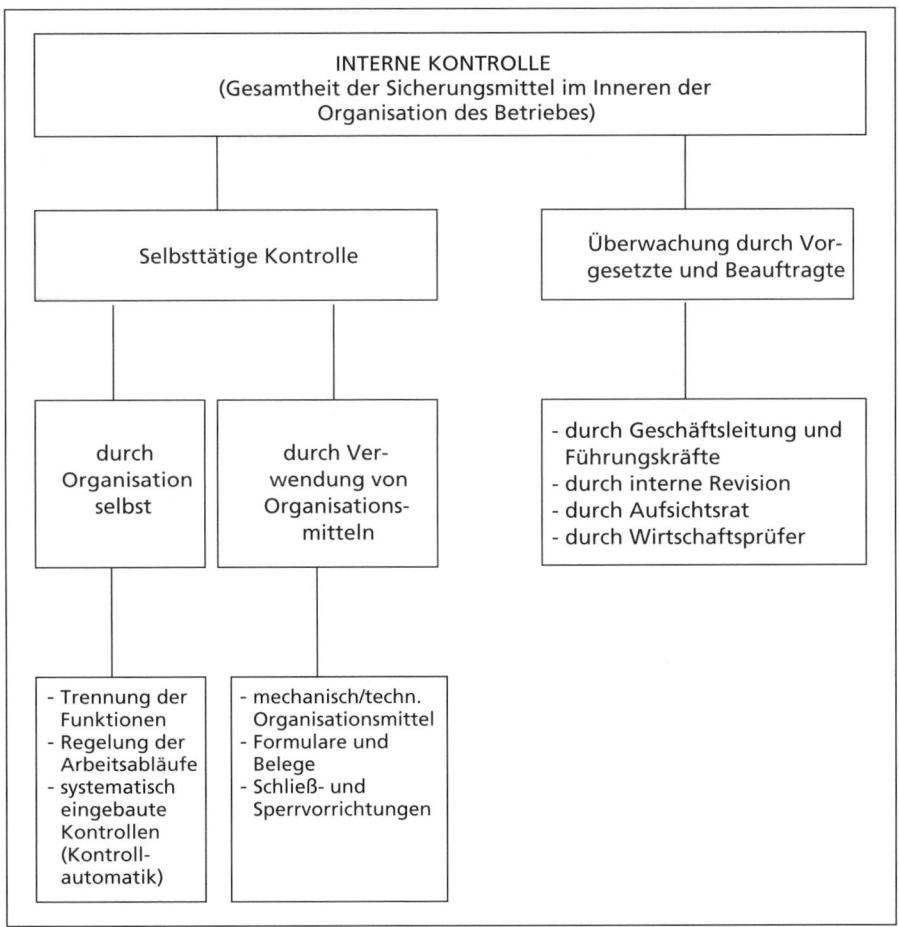

Die vorstehende Gliederung zeigt deutlich, dass aus wirtschaftlichen Überlegungen (Kosten/Nutzen) der selbsttätigen Sicherung der Vorzug gegenüber der Überwachung durch Personen zu geben ist. Die selbsttätige Sicherung muss, wie bereits erwähnt, aus zwangsläufig wirksamen Kontrollmaßnahmen bestehen. Diese können einerseits in die betrieblichen Organisationsabläufe eingebaut sein und/oder durch Verwendung von Organisationsmitteln erreicht werden.

5.1 Zwangsläufige Sicherung durch organisatorische Maßnahmen

Das wird erreicht durch: Regelung der Arbeitsabläufe

Vorgänge, die täglich in anderer Form, von anderen Personen und mit anderen Hilfsmitteln erledigt werden, bieten wesentlich mehr Möglichkeiten für unbewusste oder bewusste Fehler als Vorgänge, deren Bearbeitung im Einzelnen durch die betriebliche Ordnung vorgegeben ist. Das IKS muss daher darauf abzielen, die individuelle und häufig wechselnde Bearbeitung gleichartiger Sachverhalte durch eine fest gefügte Ablauforganisation zu ersetzen. Alle Arbeitsgänge, die für die Bearbeitung eines Vorgangs innerhalb der Gesellschaft erforderlich sind, müssen in ihrer Reihenfolge geordnet, durch detaillierte Organisations- und Arbeitsanweisungen schriftlich geregelt und durch Vorgabe gedruckter Belege und Formulare möglichst schematisiert sein, so dass ein zwangsläufiger Arbeitsablauf entsteht. Jedes Verlassen dieses Zwangsablaufes muss dann notwendigerweise zu Störungen führen, die einer Kontrollinstanz zu melden und von ihr zu beseitigen sind. Ablaufregelungen können z.B. Dienstanweisungen zur Kassenführung, Einkaufsabwicklung, Inventurabwicklung, Bankvollmachten etc. sein.

Jede Richtlinie und Arbeitsanweisung muss notgedrungen gewisse Abweichungen akzeptieren. Diese Abweichungstoleranzen müssen jedoch eindeutig festgelegt und bekannt gemacht sein (z.B. tolerierte Inventurdifferenzen, Kassenmankos, Ladenhüteranteil etc.).

5.1.1 Stellenbeschreibung

Ziel, Kompetenz, Aufgaben und Verantwortung einer Stelle im Unternehmen regelt man sinnvoll durch Stellenbeschreibungen. Besonders für Führungskräfte sollten Stellenbeschreibungen vorhanden sein.

5.1.2 Vollmachten und Befugnisse

Wenn entsprechende Stellenbeschreibungen im Unternehmen fehlen oder als nicht notwendig erachtet werden, sollten wenigstens die Vollmachten und Befugnisse der einzelnen Stelleninhaber schriftlich festgehalten sein.

5.1.3 Bewilligungen

Für sensible Geschäftsfälle oder gefahrvolle Arbeitsabläufe sollten besondere Bewilligungen und Verfahren in Schriftform vorgesehen sein. Das gilt z.B. für Geld- und gefährliche Transporte, Investitionen, Lagerung wertvoller bzw. diebstahlgefährdeter Produkte und Waren etc.

5.2 Organisationsgrundsätze

Eine ordnungsgemäße Geschäftsführung setzt voraus, dass das Unternehmen entsprechend organisiert ist. Die Organisation des Unternehmens ist die Grundlage dafür, dass die Aufgaben und Unternehmensziele möglichst optimal wahrgenommen werden können. Bei der Schaffung von konkreten Verantwortungsbereichen gelten jedoch die Grundsätze der Organisationslehre, die eingehalten werden müssen, damit sie den Anforderungen des IKS entsprechen.

Das sind die folgenden Kriterien:

5.2.1 Trennung von Funktionen, die unvereinbar sind

Dieser Grundsatz besagt, dass Funktionen, die im Sinne der Aufgabenstellung des IKS nicht miteinander vereinbar sind, nicht in einer Person (bzw. Abteilung) vereinigt sein dürfen.

Dieser Grundsatz verlangt, dass folgende Funktionen unvereinbar sind:

- Genehmigung
- Durchführung
- Verbuchung
- Kontrolle.

Diese Funktionstrennung ist ein wichtiger Grundsatz des IKS. Kein Geschäftsvorfall sollte nach Tunlichkeit von seinen Anfängen bis zur endgültigen Erledigung in einer Hand liegen. Je mehr Personen sich gegenseitig kontrollieren und in die Abwicklung eines Vorgangs eingeschaltet sind, desto größer ist die Gewähr für Fehlerlosigkeit und Sicherheit.

Beispiele von nicht zu vereinbarenden Funktionen sind:

- Kasse und Buchhaltung
- Einkauf und Wareneingang
- Lohnverrechnung und Kasse
- Verkauf und Bonitätsprüfung
- Verkauf und Auszahlung von Vermittlungsprovisionen
- Ein- oder Verkauf und Buchhaltung.

Eine solche Trennung von nicht zu vereinbarenden Funktionen lässt sich im Arbeitsablauf nicht immer einhalten. In solchen Fällen muss aber die persönliche Überwachung verstärkt werden. Auch können die Sachbearbeiter im Wege der *job rotation* ausgewechselt werden.

Auch die Wirtschaftspolizei hat die Erfahrung gemacht, dass einer der Hauptgründe für Wirtschaftskriminalität die Missachtung der Funktionstrennung ist. Der eklatanteste Fall von Nichttrennung der Funktionen war der „Fall Lettmüller", der seinem Unternehmen einen Schaden von damals rund € 22,0 Mio. zufügte. In diesem Fall waren die Funktionen Kasse, Bankvollmacht und Buchhaltung in einer Hand vereint.

5.2.2 Kontrollspanne

Die Kontrollspanne eines jeden Vorgesetzten ist begrenzt. Wirkungsvoll führen und überwachen kann ein Leitender nur im Ausmaß der ihm zur Verfügung stehenden Arbeitszeit. Auch die Art der Aufgaben seines zu überwachenden Bereiches begrenzen seine Kontrollspanne. Arbeiten mit Routinecharakter sind leichter zu überwachen als kreative Tätigkeiten.

5.2.3 Übereinstimmung von Kompetenz – Befugnis – Verantwortung

Es ist zu beachten, dass jede Organisationseinheit für ihre Aufgabenerfüllung nur eine verantwortliche Person haben kann. Des Weiteren müssen für jede Funktion Kompetenz, Befugnis und Verantwortung übereinstimmen. Niemand kann Verantwortung für eine Funktion übernehmen, wenn ihm die Kompetenz hierfür fehlt. Andererseits muss jeder, der eine Aufgabe und die Kompetenz hierfür hat, in die Verantwortung eingebunden sein.

5.2.4 Koordination

Zweckmäßig ist eine Organisation auch nur, wenn alle Tätigkeiten koordiniert ablaufen. Die Koordination und somit die Kooperation ergibt sich nicht immer von selbst, sondern muss zwingend in den Organisationsabläufen vorgesehen sein. Organisiert werden sollte aber nur so viel wie nötig und so wenig wie möglich, damit die Eigeninitiative und Motivation der Mitarbeiter so groß wie möglich gehalten werden kann.

5.2.5 Kontinuität

Eine organisatorische Einheit muss möglichst langfristig besetzt sein. Eine starke Fluktuation bedeutet höhere Personalkosten und geringere Effizienz. Auch die Stellvertretung jedes Stelleninhabers muss fixiert sein. Die Information und Einarbeitung des Stellvertreters muss gesichert sein.

5.2.6 Kontrollautomatik

Der systematische Einbau von zwangsläufig wirksam werdenden Kontrollen im Arbeitsablauf, auch Kontrollautomatik genannt, ist insbesondere in EDV-gestützten Arbeitsabläufen vorzusehen. Das wird z.B. durch alle Prüfprogramme, Vollständigkeitskontrollen, Kontrollen von Abstimmkreisen, Kontrollsummen und automatische Belegnummernvergabe erreicht. Durch eine automatische Protokollierung muss sichergestellt sein, dass bei jeder Veränderung von Daten die Ursache und der Verursacher nachträglich festgestellt werden kann.

Aber auch bei manuellen Arbeitsabläufen kann eine Kontrollautomatik vorgesehen werden. Durch das Vier-Augen-Prinzip bei der Unterschrifts-Regelung, bei Genehmigungs- und Bestätigungsverfahren kann eine (allerdings umgehbare) Kontrollautomatik erreicht werden. Auch angeordnete Parallelarbeiten und Arbeitswiederholungen können, wenn sie systematisch im Arbeitsablauf eingebaut sind, ein Mittel zur Kontrollautomatik sein.

Eine Kontrollautomatik kann auch durch vorgedruckte Belege und einen dadurch vorgegebenen Belegfluss erreicht werden. Hierdurch werden die Bearbeiter zur Einhaltung einer bestimmten Schrittfolge gezwungen und der Arbeitsablauf gesichert. Belege, die ihrerseits das Ausstellen weiterer Belege auslösen oder Wertab- und -zuflüsse bewirken, müssen vornummeriert und verrechenbar sein.

5.3 Organisationsmittel

5.3.1 Mechanisch-technische Organisationsmittel

Hierbei kommen vorwiegend in Betracht:
- Hard- und Software der EDV-Systeme
- Registrierkassen, Warencodierung
- Zeitnahmegeräte für Arbeitszeitverrechnung
- Fahrtenschreiber für LKW und Transporter
- Wiege- und Messeinrichtungen im Warenein- und -ausgang
- Zufallsgeneratoren für Torkontrollen in Fabriken und Lagerhäusern
- automatische Löschapparaturen, Rauchwarnanlagen
- Alarmsysteme und Schutzvorrichtungen gegen Einbruch.

5.3.2 Schließ- und Sperrvorrichtungen

Die Sicherheit der materiellen und immateriellen Werte des Unternehmens hängt nicht zuletzt von den Schließ- und Sperrvorrichtungen ab. Aber auch ausgeklügelte Schlüsselsysteme, automatische Schließvorrichtungen und Codekarten, die Zutrittsberechtigungen regeln, können die persönlichen Verschlusskontrollen besonders gefährdeter Stellen nicht ersetzen.

Unerlässlich ist auch die Zutrittssicherung in der EDV durch Passwörter. Auch das automatische *sign-off* der Terminals, damit niemand die Möglichkeit des unberechtigten Einblicks, der Manipulation oder des unbeabsichtigten Eingriffs haben kann, ist ein Sicherungsmittel.

5.4 Überwachung durch Vorgesetzte und Beauftragte

Eine persönliche Überwachung durch den Vorgesetzten ist auch dann laufend erforderlich, wenn er den Mitarbeitern voll vertraut. Die Führungskraft muss allerdings die Schwerpunkte der Tätigkeit seiner Mitarbeiter kennen und wissen, wo entscheidende Fehlerquellen und besondere Gefahren liegen können. Die persönliche Überwachung ist nicht so zu verstehen, dass die Führungskraft den Mitarbeitern ständig über die Schulter sieht. Sie sollte sich darauf beschränken, zu wechselnden und den Mitarbeitern nicht bekannten Zeiten zu prüfen, ob sich diese fachlich und führungsmäßig richtig verhalten. Beispielsweise kann sie einen Geschäftsfall herausgreifen und von Anfang bis Ende überprüfen. Darüber hinaus ist eine laufende Überwachung aller in Verwendung befindlicher Organisationsmittel auf ihre Effizienz und Manipulationssicherheit notwendig.

Die Unternehmensleitung kann sich für Prüfung und Gestaltung des IKS dauernd oder fallweise verschiedener externer Prüfer oder Gutachter bedienen. Das kann der Wirtschaftsprüfer, der Aufsichtsrat oder ein Unternehmensberater sein.

In größeren Unternehmen, wo es eine Stabsstelle Interne Revision (IR) gibt, ist diese für die Prüfung der Funktionsfähigkeit des IKS heranzuziehen.

Die IR ist eine der obersten Leitung unterstellte, vom laufenden Arbeitsprozess losgelöste Stabstelle zur unternehmerischen Überwachung aller Bereiche, insbesondere des IKS. Sie ist eine Stabsfunktion und die so genannte „Kontrolle der Kontrolle".

6 Gestaltung und Aufbau eines Internen Kontrollsystems

Die Schaffung eines IKS verlangt eine planmäßige Vorgangsweise. Wenngleich in jedem Unternehmen ein gewachsenes IKS und ein Informationssystem bestehen, sind derart unorganisch gewachsene Systeme meist unvollständig. Es befriedigt meistens nur einzelne spezielle Bedürfnisse, ist aber für eine umfassende Managementinformation nicht brauchbar.

Um das IKS im Unternehmen neu zu gestalten oder zu verbessern, sollten die Risiken in den sensiblen Unternehmensbereichen überprüft werden.

6.1 Risikoprüfung

Für die Gestaltung eines IKS empfiehlt es sich, das Unternehmen nicht nach der hierarchischen Aufbauorganisation, sondern nach Funktions-Bereichen zu gliedern. D.h. nicht nach Abteilungen und Stellen, sondern nach Ablaufbereichen (z.B. der Ablaufbereich Materialwirtschaft wird bestimmt durch die Abteilungen Einkauf, Wareneingang, Produktion, Rechnungsprüfung, Lager. Der Ablaufbereich Rechnungswesen umfasst die Abteilungen EDV, Finanzbuchhaltung, Betriebsabrechnung, Kasse, Bank, Archiv).

Die so ermittelten Funktionsbereiche werden sodann auf die Wahrscheinlichkeit und die Möglichkeiten eines Schadeneintritts untersucht, die durch Verstöße gegen die drei Säulen des IKS, nämlich Sicherheit, Wirtschaftlichkeit, Ordnungsmäßigkeit hervorgerufen werden könnten.

Die Risikobereiche liegen im Unternehmen dort, wo verwertbare oder verwendbare Güter vorhanden sind (Geld, geldähnliche Werte, Handelswaren, Produktionsmaterial, Werbegeschenkartikel, aber auch bewegliche Anlagegüter wie Werkzeuge, Kleinmaschinen). Gefährdet sind auch Forderungen an Kunden, Geschäftsgeheimnisse, Kundenadressen, Know-how, Software. Vorwiegend kommen dolose Handlungen in folgenden Unternehmensbereichen vor:

- Kasse
- Einkauf
- Wareneingang
- Produktion
- Lager- und Materialwirtschaft
- Buchhaltung und EDV
- Verkauf
- überall wo fakturiert und verrechnet wird (Gutschriften, Reklamationen, interne Lieferungen und Leistungen, Hauswerkstätten, Reisekosten- und Spesenabrechnungen).

Der VS/GF sollte die Risiken in diesen sensiblen Bereichen besonders prüfen.

6.2 Aufstellung eines Risikokatalogs

Nach der Risikoprüfung und Erstellung der Risikoliste sollten die Kontrollen und präventiven Maßnahmen entwickelt werden. Diese sollten jedoch vor ihrer Einführung dahingehend geprüft werden, ob die entwickelten oder vorhandenen Kontrollen alle Gefahren der Risikoliste abdecken.

6.3 Verwendung von Checklisten oder Internal Control Questionnaires (ICQ)

In der Praxis werden zur Aufstellung des Risikokatalogs bzw. zur Feststellung des Ist-Zustandes des IKS sehr häufig Internal Control Questionnaires (ICQs) verwendet, die aber nur als Hilfe für die Einschätzung der Risiken dienen sollten.

Die ICQs sind eine Zusammenstellung von sachlich zusammengehörigen Fragen, welche die Erhebung, Dokumentation und die Beurteilung des IKS in den einzelnen Abteilungen und Bereichen unterstützen sollen. Die Checklisten können als offene Fragebögen, die keinerlei Antwortalternativen zur Auswahl vorgeben, abgefasst sein. Die Antwort muss vielmehr frei ausgeführt werden. Ein geschlossener Fragebogen enthält dagegen zu jeder Frage bestimmte, vorformulierte Antwortalternativen.

Häufig werden die Fragen so gestellt, dass sie mit „Ja", „Nein" oder ergänzend mit „Nicht anwendbar" beantwortet werden können. In der Praxis sind die ICQs in Form geschlossener Fragebögen konzipiert, in die aber häufig zur Abrundung auch offene Fragen eingebaut werden.

Bei der Verwendung solcher ICQs müssen sich die Prüfer einer besonderen Interview-Technik bedienen.

Die Fragen sollten aus den ICQs nicht vorgelesen, sondern sinngemäß gestellt werden.

Suggestivfragen sind zu vermeiden, weil die Antworten dann nicht objektiv sein können.

Unklarheiten und Widersprüche müssen sofort geklärt werden.

Zahlenangaben müssen gesondert überprüft werden.

Unterlagen zu den Antworten sollten kopiert und den ausgefüllten ICQs angeheftet werden.

Eigene Prüfungen, Beobachtungen und Tests sind der Interview-Technik mit ICQs vorzuziehen. Bei bloßer Verwendung von Fragebögen besteht die Gefahr, dass die Erhebung der Risiken und des Ist-Zustandes zu sehr schematisiert wird. Außerdem kann der Interview-Partner rasch erfassen, dass Ja-Antworten stets positiv besetzt sind. Hierdurch können Mängel und Fehler bewusst oder unbewusst vertuscht werden.

7 Das Interne Kontrollsystem und die Unternehmensplanung

Der VS/GF sollte für eine Unternehmensdokumentation sorgen, die allen nicht im Betrieb Beschäftigten (wie z.B. Eigentümer, Aufsichtsrat, Steuerberater, Wirtschaftsprüfer, alle öffentlich-rechtlichen Prüfungsorgane) auf Wunsch einen ersten Ein- und Überblick über das Unternehmen ermöglicht. Nicht alles kann aus den Jahresabschlussberichten oder Bilanzen entnommen werden. Dazu gehören in erster Linie die Darstellung der Unternehmensziele und Unternehmensplanung. Zu den wichtigsten Agenden des VS/GF gehört die Unternehmensplanung. Der VS/GF muss Konzepte entwickeln, die die Verwirklichung der Unternehmensziele erwarten lassen. Die Unternehmensziele sollten verbal formuliert sein und den Mitarbeitern im Unternehmen bekannt sein. Die Unternehmensziele sollten bei Zielvereinbarungen mit den Mitarbeitern eingebunden werden. Die formulierten Unternehmensziele müssen dann in der Unternehmensplanung berücksichtigt und in regelmäßigen Abständen an die veränderten Verhältnisse angepasst werden. Durch die Gesamtplanung im Unternehmen soll gewährleistet werden, dass die Detail- und Einzelplanungen (Finanzplan, Kosten- und Ertragsplan, Personalplan, Produktionsplan, Absatzplanung) nicht im Gegensatz zu den Unternehmenszielen stehen. Des Weiteren soll der VS/GF durch die Planung zu einer intensiven Beschäftigung mit den zukünftigen Chancen und Risiken des Unternehmens veranlasst werden. Durch das Erkennen von Abweichungen gegenüber den Planvorgaben soll die Einleitung von rechtzeitigen Gegen- bzw. Anpassungsmaßnahmen ermöglicht werden.

Die strategische Planung des Unternehmens ist, wie jeder andere Planungs- und Entscheidungsprozess, zum Gegenstand des IKS zu machen. Ohne Kontrolle macht sie kaum Sinn und liefert vor allem keine Steuerungsimpulse, die sie als Führungsinstrument bedeutsam machen.

Aber auch allgemeine Informationen über die Geschäftstätigkeit des Unternehmens, das wirtschaftliche Umfeld, die Konkurrenzverhältnisse, die Marktanteile etc. sollten dokumentiert zur Verfügung stehen.

8 Das Interne Kontrollsystem in der Aufbauorganisation

Eine ordnungsgemäße Unternehmensführung setzt voraus, dass das Unternehmen entsprechend organisiert ist.

Wesentlich für einen ersten Überblick ist auch die Darstellung der Aufbauorganisation in Form eines Organigramms. Ein gut dargestelltes **Organigramm** gibt Auskunft über die Gliederung des Unternehmens nach Bereichen und Abteilungen und kann Auskunft geben:

- ob unvereinbare Tätigkeiten getrennt wurden (P 5.2.1)
- ob die Kontrollspannen angemessen sind (P 5.2.2)
- ob Kompetenz, Befugnis und Verantwortung für jede Organisationseinheit gegeben ist (P 5.2.3) und
- ob es Mehrfach-, Über- oder Unterstellungen gibt
- ob das Minimalitätsprinzip (Über- oder Unterorganisation) gegeben ist (P 5.2.4)
- ob die Stellvertretungen geregelt sind (P 5.2.5)
- wo die Kontrollautomatik, die personelle Überwachung kostengünstiger ersetzen könnte? (P 5.2.6)

9 Das Interne Kontrollsystem in der Ablauforganisation

Die Wirksamkeit des IKS ist besonders von der Art und dem Umfang der betrieblichen Ablauforganisation abhängig. Die Ablauforganisation regelt folgende Probleme:

- Aneinanderreihen geeigneter Arbeitsschritte bis eine Aufgabe gelöst ist
- Unterstützung des Arbeitsablaufs mit Geräten und Hilfsmitteln
- Zuordnung der Aufgaben zu bestimmten Stellen (Personen)
- Herausfinden des günstigsten Verfahrens für bestimmte Aufgaben (z.B. Organisation des Materialflusses, Steuerung von Fertigungsprozessen, Einkaufsanweisung etc.).

Darstellungsmittel der Ablauforganisation sind Ablaufdiagramme, Datenflusspläne, Balkendiagramme, Netzpläne.

Als erstes sollte bei mehreren VS/GF ein Geschäftsverteilungsplan vorliegen, der die Aufgaben- und Verantwortungsbereiche klar abgrenzt.

In weiterer Folge sollten die Handlungs- und Unterschriftsvollmachten schriftlich dokumentiert sein. Hierbei ist zu beachten, dass bei den Unterschriftsvollmachten das Vier-Augen- und das Unvereinbarkeits-Prinzip eingehalten werden (P 5.2.1 und 5.2.6). Das Vier-Augen-Prinzip bei der Unterschriftsregelung setzt voraus, dass der zweite Unterschriftleistende einer hierarchisch höheren oder gleichen Ebene angehört. Wenn ein Vorgesetzter einen Unterstellten zur zweiten Unterschrift auffordert, ist diese kontrolltechnisch wertlos.

Vollmachten sollten auf dem neuesten Stand gehalten und im erforderlichen Umfang den betreffenden Mitarbeitern bekannt gegeben werden. Zumindest für Führungskräfte sollten Stellenbeschreibungen vorliegen (P 5.1.2). Diese sollten wiederum keine nicht miteinander zu vereinbarende Tätigkeiten enthalten und den Grundsätzen der Kontrollspanne (P 5.2.2), Übereinstimmung von Kompetenz, Befugnis und Verantwortung (P 5.2.3) und der Kontrollautomatik (P 5.2.6) entsprechen.

Es ist darauf zu achten, dass die Arbeits-, Ablauf-, Organisations- und Dienstanweisungen immer auf dem neuesten Stand gehalten und laufend bekannt gemacht werden. Wenn die schriftlichen Regelungen und Anweisungen schon sehr umfangreich sind, ist eine Sammlung in einem Organisationshandbuch zweckmäßig.

10 Das Interne Kontrollsystem in der Anlagenverwaltung

Für die Anlagenverwaltung empfiehlt sich schon bei mittleren Unternehmensgrößen eine eindeutige schriftliche Regelung für die Anschaffung von Anlagegütern. Das sollte schon mit einem Investitionsplan, einer Investitionsrechnung, einem Investitionsantrag und dem vorgeschriebenen Genehmigungsverfahren beginnen.

Der VS/GF muss Pläne für die Wartung und Instandhaltung der Anlagen, insbesondere der präventiven Instandhaltung aufstellen lassen und darauf achten, dass diese auch eingehalten werden.

Bei Ausscheidung eines Anlagegutes ist folgendes zu beachten:

- die Zuständigkeit, wer über die Ausscheidung der Anlage entscheiden darf, ist festzulegen
- die bestmögliche Verwertung (Verkauf, Eintausch, Verschrottung) der auszuscheidenden Anlagen ist sicherzustellen; hierbei ist das Vier-Augen-Prinzip zu beachten
- die vollständige Erfassung von Anlagenabgängen kann vom IKS dadurch gewährleistet werden, dass Abläufe installiert werden, die zur zwingenden Meldung an das Rechnungswesen führen
- die Erfassung von Gewinnen und Verlusten aus Anlagenabgängen müssen in der Finanzbuchhaltung separat und somit ersichtlich verbucht werden.

Es muss sichergestellt sein, dass die zugekauften oder hergestellten Anlagegüter zeitgerecht und vollständig in das Anlagenverzeichnis aufgenommen werden.

Periodische Bestandsaufnahmen der Anlagegegenstände mit anschließendem Soll-Ist-Vergleich müssen aus IKS-Gründen vorgenommen werden.

Auch wenn die geringwertigen Wirtschaftsgüter mit einem niederen Anschaffungswert im Jahr der Anschaffung voll abgeschrieben werden können, sind diese aus Gründen des IKS zu registrieren. Damit kann Diebstahl und ungerechtfertigtes Ausleihen hintangehalten werden.

Selbst hergestellte Anlagen müssen mit den Herstellungskosten bewertet und aktiviert werden, die den Selbstkosten entsprechen.

Bereits abgeschriebene Anlagen, die jedoch noch genutzt werden, sollten sicherheitshalber mit einem Erinnerungswert in der Anlagendatei evident gehalten werden, der erst bei Ausscheiden des Anlagegutes eliminiert werden soll.

Wertmäßig müssen die Summen des Anlagenverzeichnisses selbstverständlich mit jenen der Finanzbuchhaltung übereinstimmen.

Unklar ist auch immer wieder der Unterschied zwischen aktivierungspflichtigen Leistungen und Instandhaltungen. Das Unternehmen sollte dazu Richtlinien ausarbeiten.

11 Das Interne Kontrollsystem im Versicherungswesen

Wenn das Volumen der notwendigen Versicherungen zu groß wird, sollte der VS/GF das Versicherungswesen einem so genannten *Riskmanager* übertragen. Dieser hätte in erster Linie die Versicherungspolitik festzulegen. Das heißt:

* Feststellen der Risiken
* Bewerten der Risiken
* Minimieren der Risiken (vorbeugende Maßnahmen)
* Festlegung der zu versichernden Risiken
* Abwicklung aller Versicherungsfälle
* Verwaltung der Versicherungspolicen.

Die Versicherungspolitik und das Prozedere der Versicherungsabwicklung sollten in einer Organisationsanweisung formuliert werden.

Zunächst muss geprüft werden, ob das Risiko nicht selbst getragen werden kann (z.B. ob eine Vollkaskoversicherung für einen großen Fuhrpark rentabel ist).

Auf jeden Fall sollten für jeden Versicherungsbedarf Angebote bei verschiedenen Versicherungsanstalten eingeholt werden. Für den Einkauf von Versicherungsleistungen gelten die gleichen Bedingungen wie für den Einkauf von Wirtschaftsgütern. Das Verbleiben bei einer Versicherungsanstalt ohne Einholung von Angeboten bei neuerlichem Versicherungsbedarf ist zumindest unwirtschaftlich. Hier wäre zu prüfen, wem die Betrauung einer einzigen Versicherungsanstalt mit dem gesamten Versicherungsbedarf nützt.

Die Versicherungssumme sollte immer auf den höchstmöglichen Schaden abgestellt sein (Betonfundamente im Boden können nicht brennen, nicht Transportables kann nicht gestohlen werden).

Bei Fehlen eines Riskmanagers ist die Zusammenarbeit mit einem Versicherungsmakler zu überlegen. Es sollte aber nicht der Versicherungsvertreter einer Versicherung sein, der eben nicht immer ein objektiver Berater sein kann.

Weder der Riskmanager noch der Versicherungssachbearbeiter im Unternehmen dürfen Provisionen von der Versicherungsanstalt beziehen. Geschenkannahmen von Lieferanten oder Kunden sind grundsätzlich verboten und u.a. ein Entlassungsgrund. Solche Zahlungen seitens der Versicherungsgesellschaft sollten als Zusatzrabatt der eigenen Gesellschaft zukommen.

Die Lagervorräte, Forderungen, Betriebs- und Geschäftsausstattung und Gebäude sind einer laufenden Veränderung unterworfen. Der Versicherungsschutz sollte kontinuierlich den Veränderungen der Zu- und Abgänge des Anlage- und Umlaufvermögens angepasst werden.

Die Sicherheitsmaßnahmen sollten permanent verbessert werden, weil hierdurch die Versicherungsprämien gesenkt werden können.

Die Kriminalpolizei und auch die Versicherer können hier Ratschläge geben (Verbesserung der Gebäudeabriegelung, Bewachung, Ausleuchtung, Schlüsselprotokolle, Codekarten etc.).

Versicherungsbetrug ist kein Kavaliersdelikt. Das Personal muss dazu angehalten werden, keine falschen Schadensmeldungen zu erstellen, keine Schäden betrügerisch zu verursachen bzw. zu deklarieren und die Schadensliquidierung korrekt vorzunehmen.

In regelmäßigen Abständen sollte man alle Versicherungspolicen auf die vorgenannten Kriterien von einem Versicherungsfachmann (Makler) überprüfen lassen.

12 Das Interne Kontrollsystem im Rechnungswesen

12.1 Zielsetzung

Das Rechnungswesen ist die wichtigste Informationsquelle im Unternehmen. Es soll:

- die Grundlagen für das so genannte Management-Information-System (MIS) liefern, d.h. die erforderlichen Berichte und Informationen rechtzeitig, richtig und klar der Geschäftsführung und sonstigen Stellen zur Verfügung stellen
- den gesetzlichen Anforderungen entsprechen und die Grundlage für die Besteuerung der Umsätze und Erträge bilden
- die Daten für die Kostenrechnung und Kalkulation liefern
- nach den Prinzipien des IKS – Ordnungsmäßigkeit, Sicherheit, Wirtschaftlichkeit – aufgebaut und geführt werden.

12.2 Allgemeine Anforderungen

Die Buchführungspflicht und die Führung der Handelsbücher sind im §238 und §239 HBG festgelegt.

Die Buchführung hat nach den Grundsätzen der Ordnungsmäßigkeit zu erfolgen (P 4.3). Für die Ordnungsmäßigkeit ist (und bleibt) nur der VS/GF selbst verantwortlich. Deshalb ist auch die Auswahl und Überwachung der mit der Funktion der Buchführung und der Datenverarbeitung betrauten Personen sowie die Auswahl der Hard- und Software für die EDV mit der Sorgfalt eines ordentlichen Kaufmanns vorzunehmen.

Die drei Säulen des IKS, Ordnungsmäßigkeit, Sicherheit und Wirtschaftlichkeit im Rechnungswesen werden im Folgenden behandelt.

12.3 Ordnungsmäßigkeit des Rechnungswesens

12.3.1 Die materielle Richtigkeit

Die materielle Richtigkeit ist dann gegeben, wenn nur sachlich und rechnerisch richtige Belege verarbeitet werden.

12.3.2 Die formelle Richtigkeit

Die formelle Richtigkeit ist gegeben, wenn folgende Grundsätze eingehalten werden:

- es muss ein Konten- und Kostenstellenplan, eine Regelung für die Kostenstellenrechnung und eine Beschreibung des MIS vorhanden sein
- keine Buchung ohne Beleg
- Einhaltung der gesetzlichen Belegstrenge (die Belege sollten gut leserlich und nicht verschmutzt sein, der Grund für Fotokopien als Ersatzbelege muss angegeben sein usw.)
- auch auf den Belegen muss mit dokumentensicheren Schreibgeräten gearbeitet werden (keine Bleistiftvermerke)
- die Zuordnungsmerkmale (Konto/Gegenkonto, Kostenstelle, Beleghinweis) müssen auf jedem Beleg angegeben sein
- die vorgesehenen und verrechenbaren Drucksorten sind auf jeden Fall zu verwenden, dies gilt besonders für die innerbetriebliche Leistungsverrechnung
- werden Zahlen, Buchstaben oder Symbole verwendet, so muss im Einzelfall deren Bedeutung eindeutig festliegen (§ 146 III AO).

12.3.3 Die Vollständigkeit

Die Vollständigkeit der Verarbeitung der Belege ist durch programmierte Kontrollen sicherzustellen. Der Belegfluss ist so zu regeln, dass die Vollständigkeit eingehalten werden kann.

12.3.4 Die Termingerechtigkeit

Hier sieht § 239 des HGB vor, dass die Buchungen nicht nur vollständig und richtig, sondern auch zeitgerecht und geordnet vorgenommen werden müssen. Termingerechtigkeit kann nur durch eine tagfertige Buchhaltung erreicht werden. Arbeitsrückstände führen zu Unübersichtlichkeit und erschweren Kontrollen.

12.3.5 Dokumentation

Die EDV-Programme des Rechnungswesens müssen dokumentiert sein. Die Beschreibung der Datenerfassung, Dateneingabe, Datensicherung, das Abstimmverfahren, die Überleitung der Daten an den Schnittstellen zu anderen Verfahren muss dokumentiert und jederzeit ohne großen Zeitaufwand verfügbar sein. Die Tests bei Neueinführung von Programmen müssen deshalb dokumentiert sein, weil sie als Beweis für die Richtigkeit und Sicherheit dienen und die Einhaltung der gesetzlichen Vorschriften nachweisen. Die Tests müssen nicht nur vom Programmersteller, sondern auch von jenen Mitarbeitern des eigenen Unternehmens, die am Test und am Freigabeverfahren mitgewirkt haben, unterschrieben sein.

Archivierung:

Für die Archivierung der Datenträger müssen folgende Regelungen getroffen werden:

- Einhaltung der gesetzlichen Vorschriften (gemäß § 257 HGB und § 146 AO)
- Beschriftung der Datenträger
- Archivnummernvergabe
- Datei-Namensregelung
- Aufbewahrungsdauer.

Die Ausgabe und Rücknahme der Datenträger sollte nur für berechtigte Mitarbeiter erfolgen.

Die Ablage muss gegen Missbrauch gesichert sein, unberechtigte Belegentnahmen müssen vermieden werden. Die Entscheidung, wann welche Belege vernichtet werden können, muss geregelt sein. Die Ablagebehälter und -kartons müssen so beschriftet sein, dass jeder Beleg rasch auffindbar und für die Aufbewahrungsfrist erkennbar ist. Die Ablage und Archivierung als Wiedergabe auf Bildträgern (Mikroverfilmung) ist gemäß § 257 III Nr. 2 HGB und § 146 V AO möglich, sollte aber den Grundsätzen des IKS entsprechen.

12.3.6 Nachvollziehbarkeit

§ 239 III HGB und § 146 IV AO bestimmen, dass eine Eintragung oder eine Aufzeichnung nicht in einer Weise verändert werden darf, dass der ursprüngliche Inhalt nicht mehr feststellbar ist. Auch solche Veränderungen dürfen nicht vorgenommen werden, deren Beschaffenheit es ungewiss lässt, ob sie ursprünglich oder erst später gemacht worden sind.

So muss z.B. die Speicherung bei EDV-Dialogbuchführung sofort und unabänderlich geschehen. Ursprüngliche Buchungen dürfen nur durch Storno- und Umbuchungsbelege korrigiert werden.

Die Richtigkeit der Verarbeitung muss durch einen sachverständigen Dritten nachvollziehbar sein. Sie muss progressiv vom Beleg über das Journal und das Konto bis zur Bilanz und der Gewinn- und Verlustrechnung einerseits und retrograd von der Bilanz, Gewinn- und Verlustrechnung über das Konto und Journal zum Beleg andererseits zurückverfolgbar sein (*audit trail*). Nicht nur die Mitarbeiter im Rechnungswesen, sondern auch der VS/GF und andere sachverständige Dritte müssen sich jederzeit ohne lange Erklärungen im Rechnungswesen zurechtfinden können.

12.4 Sicherheit im Rechnungswesen

Der VS/GF ist für die Datensicherheit verantwortlich. Die Datensicherheit muss daher eine Forderung der Unternehmensleitung sein, denn sie schützt vor schädigenden Vorfällen. Datensicherheit ist für jedes Unternehmen nur durch ein planvolles Konzept zu erreichen. Sie ist mehr ein organisatorisches als ein technisches Problem.

Sicherheit im Belegwesen:

Es soll keine Belegverarbeitung ohne Prüfung der formellen und materiellen Richtigkeit stattfinden. Erleichtert wird das dadurch, dass Belegvermerke standardisiert werden. Diktatzeichen und Unterschriften der Freigabeberechtigten im Unternehmen sollten dokumentiert sein, damit diese auf den Belegen als solche erkennbar sind.

Die Berechtigung für die Ausstellung von Umbuchungs- und Stornobelegen sollte geregelt sein. Erfolgswirksame Umbuchungsbelege sollten nach dem Grundsatz des Vier-Augen-Prinzips die zweite Unterschrift eines Vorgesetzten aufweisen. Auch eine ausreichende Textierung und Begründung sowie eventuelle Unterlagen für solche erfolgswirksamen Umbuchungen müssen beigegeben sein.

Die Belege müssen zwecks Vermeidung der Wiederverwendung entwertet werden.

12.5 Sicherheit bei der Dateneingabe

Ein Zugriffsschutzsystem und die Möglichkeit zur Vergabe individueller Berechtigungen soll Folgendes gewährleisten:
- den Schutz vertraulicher Daten vor unberechtigter Kenntnisnahme
- den Schutz der Daten vor unberechtigter Veränderung oder Löschung
- Transparenz der Verfahren, damit sie nachvollziehbar sind.

Hierdurch sollen Verstöße gegen das elektronische Radierverbot verhindert werden. Auch die formellen Anforderungen zum Aufbau der Buchführung, insbesondere die Nachvollziehbarkeit der Buchungen soll gewährleistet sein. Der Zugriffsschutz muss auch gewährleisten, dass nur autorisierte Personen in das System und an bestimmte Daten gelangen können. Die entsprechenden Passwörter müssen
- verdeckt eingegeben werden können
- nur vom Anwender selbst vergeben und verändert werden können
- eine Änderung in definierbaren Abständen erzwingen.

Das Berechtigungskonzept muss es ermöglichen, die Rechte des Anwenders nur auf die Tätigkeiten im System zu beschränken, die er auf Grund seiner Stellung und Verantwortlichkeit im Unternehmen unabdingbar braucht (Prinzip der minimalen Berechtigung).

Bei Ausscheiden eines Mitarbeiters aus dem Rechnungswesen muss die Löschung seiner Berechtigungen sichergestellt sein.

Die vom Hersteller zur Verfügung gestellte Systemsoftware macht es oft auch den nicht besonders geschulten Mitarbeitern leicht, Dateien aufzubauen, zu verändern und zu löschen. Dadurch kann es sowohl absichtlich als auch irrtümlich zu Veränderungen und Löschungen von Datenbeständen kommen. In der Regel können mehrere Bildschirme zur Dateneingabe genutzt werden. Dies erleichtert den nicht erlaubten Zugriff auf Datenbestände.

Bei Magnetkarten (*code cards*) ist ein Nachweis über die vergebenen Ausweise zu führen.

Alle Terminals müssen ein automatisches *sign-off* (*log-off*) aufweisen, wenn ein Gerät eine definierte Zeitspanne hindurch nicht benutzt wird.

Wenn möglich, sollte man keine unzuvereinbarenden Funktionen zusammenfallen lassen.

Zum Beispiel:

- Belegerstellung – Dateneingabe – Zahlungsverkehr
- Kasse – Buchhaltung
- Verbuchung von Ausgangsrechnungen und Eingangsrechnungen und die gleichzeitige alleinige Möglichkeit von Umbuchungen und Stornobuchungen
- Buchhaltung – Verkauf
- Buchhaltung – Einkauf
- Lohnverrechnung – Kassenführung.

Durch ein unzureichendes IKS für die Überwachung von Stammdatenänderungen können sowohl die Ordnungsmäßigkeit als auch die Datensicherheit beeinträchtigt werden. Die Berechtigung für die Veränderung von Stammdaten (Kreditlimits, Zahlungsziele etc.) muss nach dem Vier-Augen-Prinzip geregelt sein.

Bei unabsichtlich falscher Verwendung von Buchungssymbolen müssen diese nachträglich händisch auf den Konten korrigiert werden.

Wer welche Programme wann gestartet hat, muss protokolliert werden.

12.6 Datensicherheit

Bei falschen Ergebnissen muss die Informationspflicht an den Vorgesetzten bzw. Geschäftsleitung obligat sein.

Die Unveränderbarkeit der auf Datenträgern gespeicherten Buchungen muss gesichert sein.

Alle Umschlüsselungen und automatisierten Kostenumlagen der Betriebs- und Kostenrechnung müssen dokumentiert sein. Nur so kann nachgewiesen werden, dass die Ergebnisse der Kostenstellenrechnung korrekt sind.

Alle Buchungen, die nur die Kostenrechnung, Betriebsabrechnung oder die profit-center-Rechnung (innerbetriebliche Buchungen) betreffen, sollten aus der Finanzbuchhaltung ausgelagert und in einer eigenen Kontengruppe verbucht werden (Kontengruppe 999).

Kein Unbefugter sollte Daten während der Erfassung, der Verarbeitung, des Datentransportes abfragen, verändern, eingeben, löschen oder kopieren können.

Der betrügerische Datenverarbeitungsmissbrauch und die Datenbeschädigung sind nach den §§ 263a und 303b StGB strafbare Tatbestände.

Die Beleg- und Kontoablage muss feuer- und diebstahlsicher sein.

13 Das Interne Kontrollsystem im Zahlungsverkehr

13.1 Kasse

Die Ordnungsmäßigkeit und Sicherheit ist im Zahlungsverkehr besonders bedeutsam. Die handels- und steuerrechtlichen Vorschriften stellen hohe Anforderungen an die Ordnungsmäßigkeit der Kassenführung. Der Grad der Ordnungsmäßigkeit im Kassenverkehr wird häufig als Maßstab für die Ordnungsmäßigkeit der gesamten Buchführung angesehen.

So kann es anlässlich einer finanzbehördlichen Betriebsprüfung zur Verwerfung der gesamten Buchführung kommen. Zum Beispiel, wenn die Kassenbucheintragungen nicht chronologisch durchgeführt werden und es dadurch wiederholt zu Kassenbuchminusbeständen kommt.

Voraussetzungen für eine ordnungsgemäße Kassenbuchführung sind, dass

- jeder Kassenbewegung ein Beleg zu Grunde liegt
- alle Kassenbelege gut leserlich und inhaltlich so angefertigt sind, dass Irrtümer ausgeschlossen sind
- die Eintragungen in das Kassenbuch, wenn keine Registrierkasse vorliegt, chronologisch und tagfertig vorgenommen werden
- alle Eintragungen Zeile für Zeile erfolgen und keine Zeilen ausgelassen werden und falsche Eintragungen so gestrichen werden, dass die Fehleintragung noch lesbar ist
- die vorgesehenen Vordrucke verwendet werden
- die nochmalige Verwendung von Kassenbelegen (durch Nummerierung der Belege) ausgeschlossen ist
- regelmäßige Kassenstürze vorgenommen werden.

Voraussetzungen für die Sicherheit sind:

- die Festlegung von Höchst- und Mindestbeständen der Kassen
- der Abschluss einer Kassenbestandsversicherung
- dass es eine Regelung für die Tresorschlüssel, Reserveschlüssel und *safe-codes* gibt
- dass die Kassenführung nicht mit nicht zu vereinbarenden Tätigkeiten gekoppelt ist (Kasse mit Buchhaltung, Kasse mit Bankvollmacht, Kasse mit Einkauf)
- dass der Außendienst mit Inkassoberechtigung darauf hingewiesen wird, dass nicht oder unbegründet verspätete Ablieferung von einkassierten Beträgen als Unterschlagung gelten
- dass eine vertrauliche Regelung für Bargeldtransporte besteht
- dass keine privaten Gelder und so genannte Bons in der Kasse aufbewahrt werden

- dass alle Anweisungen für die Kassenausgänge nach dem Vier-Augen-Prinzip ausgestellt werden, bevor es zur Auszahlung kommt.

Der VS/GF sollte die gewünschten IKS-Voraussetzungen in einer Kassenordnung schriftlich festlegen.

13.2 Bankenverkehr

Für den Verkehr mit Banken müssen nicht nur die IKS-Voraussetzungen Sicherheit und Ordnungsmäßigkeit, sondern auch die Wirtschaftlichkeit gegeben sein.

Die Bankvollmachten müssen nach dem Vier-Augen-Prinzip geregelt sein. Das gilt auch für das Electronic Banking (Regelung der Transaktions-Nummern). Allerdings sollen die Bankvollmachten nur so viel wie unbedingt nötig und so wenig wie möglich aufgeteilt sein.

Es sollte eine Funktionstrennung zwischen Zahlungsanweisung und Kreditoren-Buchführung geben (Vier-Augen-Prinzip). Die Einhaltung der Zahlungstermine und die Ausnutzung der Skonti müssen gewährleistet sein. Die Prüfung der Lieferantenrechnungen vor Verbuchung und Zahlung muss zwingend vorgegeben sein.

Für die Ausstellung von Wechseln gilt das Vier-Augen-Prinzip.

Die Verfügungen über die Wertpapiere in den Bankdepots dürfen nur mit doppelter Unterschrift erfolgen.

Zur Verbesserung der Wirtschaftlichkeit muss der Buchhaltung verbindlich vorgegeben werden, dass alle Zins- und Spesenbelastungen der Bank nachgerechnet werden.

Auch sind die Bankkonditionen laufend mit anderen Bankinstituten zu vergleichen und gegebenenfalls neu zu verhandeln. Insbesonders sind hier die Spesen für die Deviseneingänge in Euro- und Nichteurowährungen, für die Devisenausgänge, für die Berechnung der Valutatage, für den Wechseldiskont, für die Scheckeinlösung und die Wechselkurse laufend zu beobachten.

14 Das Interne Kontrollsystem in der Materialwirtschaft

Die Materialwirtschaft ist die Gesamtheit der materialbezogenen Versorgungskette bis zum Verkaufsprodukt. Sie beginnt mit einem Bestellauftrag an die Einkaufsstelle durch den Bedarfsträger. Sie setzt sich fort über die Einkaufs-, Wareneingangs- und Rechnungsprüfungsstelle zum Lager und zur Produktion.

14.1 Der Einkauf

Die Materialwirtschaft im Unternehmen beginnt mit der Beschaffung für die im Unternehmen benötigten Rohstoffe, Waren, Wirtschaftsgüter des Anlagevermögens und Dienstleistungen.

Für die Beschaffung ist die Einkaufsstelle oder -abteilung zuständig und verantwortlich. Sie soll alle benötigten Güter und Dienstleistungen in der

- erforderlichen Qualität
- in der richtigen Menge
- zur rechten Zeit
- zu optimalen Einkaufspreisen und Bedingungen
- unter Bedacht eines wirtschaftlich vertretbaren Aufwands

beschaffen und herstellen.

Das Geschäftsergebnis wird unmittelbar durch einen wirtschaftlichen Einkauf beeinflusst. So schlägt sich z.B. eine Senkung der Einkaufspreise in voller Höhe auf das Unternehmensergebnis durch. Schon deshalb muss der VS/GF die drei Säulen des IKS, Wirtschaftlichkeit – Sicherheit – Ordnungsmäßigkeit, im Einkauf sicherstellen. Eine schriftliche Regelung durch Herausgabe einer Einkaufsanweisung ist bei Unternehmen mit einer eigenen Einkaufsstelle/-abteilung zweckmäßig, wie aus folgendem hervorgeht.

14.1.1 Organisationsmittel

Die Einkaufsstelle oder -abteilung benötigt Organisationsmittel um wirtschaftlich einkaufen zu können. Dazu gehört eine Lieferanten-, Artikel- und Bestelldatei, die Auskunft gibt über

- Bezugsquellen
- Lieferprogramm/Lieferfristen
- Konditionen
- Preisentwicklung
- Gegengeschäftsvereinbarungen

- erteilte Bestellungen in den letzten drei Jahren
- Qualitätsbeurteilung.

Der VS/GF muss daher den Einkauf überwachen, damit dieser eine entsprechende Marktforschung und -beobachtung betreibt.

14.1.2 Die Bedarfsträger-Bedarfsmeldungen

Die Unternehmensleitung sollte zunächst sicherstellen, dass die Beschaffung ausschließlich von den für den Einkauf vorgesehenen Mitarbeitern durchgeführt wird.

Wenn Bereiche oder Personen die vorgesehene Beschaffungsstelle/Einkaufsabteilung umgehen oder sich einmischen, entspricht das nicht dem IKS-Postulat der Sicherheit, Wirtschaftlichkeit und Ordnungsmäßigkeit und kann zu geschäftsschädigenden/dolosen Handlungen führen. Die Bedarfsmeldungen sollten in größeren Unternehmen von den Bedarfsträgern auf vornummerierten Formblättern vorgenommen werden, damit sich Kontrollmöglichkeiten ergeben.

Die Einkäufer ihrerseits sollten vor Durchführung der Bestellung prüfen

- ob nur autorisierte Personen die Bedarfsmeldungen abgegeben und unterschrieben haben
- ob eventuell notwendige Genehmigungsverfahren eingehalten wurden.

Der Einkauf sollte für den angeforderten Bedarf eine Wertanalyse durchführen (nicht der Bestellwunsch des Bedarfsträgers sollte der Maßstab für das einzukaufende Gut sein, sondern die niedrigste notwendige Qualität und Funktion).

Vor dem Einkauf von Investitionsgütern sollte der Einkauf prüfen, ob das erforderliche Investitionsverfahren (Investitionsantrag, Investitions-Rechnungen, Genehmigungen) eingehalten wurde.

14.1.3 Angebotseinholung durch die Einkaufsstelle

Der VS/GF sollte Wertgrenzen für die Anzahl der einzuholenden Angebote festlegen.

Die Gültigkeitsdauer von Angeboten muss limitiert sein. Auch sollten immer neue Lieferanten bei Angeboten und Anfragen einbezogen werden. Wenn dem Einkäufer Preissenkungen bekannt werden, müssen sofort neue Angebote (auch bei neuen Lieferanten) eingeholt werden. Das gleiche gilt, wenn Preiserhöhungen bei Lieferanten (besonders bei Stammlieferanten) vorgenommen werden.

Die Entscheidungsgrundlagen für die dann folgenden Bestellungen sollten nachvollziehbar sein. Zweckmäßig wäre die Dokumentation der eingeholten Angebote auf einem Angebotsvergleichsblatt.

14.1.4 Die Bestellung

Es sollte vorgesehen sein, dass

- jede Bestellung nach dem Vier-Augen-Prinzip abgewickelt wird (2 Unterschriften auf dem Bestellschein)
- nur vornummerierte Bestellvordrucke, deren Einkaufsbedingungen rechtlich abgesichert sind, verwendet werden, auf keinen Fall sollte die Möglichkeit bestehen, dass der Lieferant mit seinen Verkaufsbedingungen die Einkaufsbedingungen außer Kraft setzen kann
- bei Auslandsgeschäften das Währungsrisiko abgesichert ist
- eine Bestellüberwachung installiert ist, damit Liefertermine, Eilbestellungen etc. überwacht werden können.

14.1.5 Sonstiges

Geschäftsreisen

Inlandsreisen (z.B. Messebesuche) und Auslandsreisen sollten geregelt werden.

Einladungen

Aus dem geschäftlichen Kontakt sich ergebende Einladungen zu Geschäftsessen können im angemessenen Rahmen ohne besondere Genehmigung akzeptiert werden. Einladungen zu kostenlosen Wochenendaufenthalten oder Urlaube auf Kosten von Lieferanten sind abzulehnen.

Geschenkannahmen

Geschenkartikel, die ein Lieferant in größeren Stückzahlen an Kunden verteilt (*give aways*) sind angemessene Werbegeschenke. Es muss an der Selbsteinschätzung des Mitarbeiters liegen, ob durch ein Geschenk Objektivitätsverlust entsteht bzw. die Grenze des Angemessenen überschritten wird. Die Annahme von Geld oder vergleichbaren Werten (Schmuck, Theaterkarten) ist selbstverständlich verboten und wäre nach dem Angestelltengesetz ein Entlassungsgrund.

Einkauf durch Mitarbeiter

Einkäufe für Betriebsangehörige über die Einkaufsstelle des Unternehmens müssen geregelt sein.

14.2 Der Wareneingang

Im Sinne des Unvereinbarkeitsprinzips sollte der Wareneingang vom Einkaufsbereich örtlich und disziplinär getrennt sein.

Die Mengen- und Qualitätskontrolle muss entweder von der separat vorhandenen Wareneingangsstelle, auf jeden Fall aber vom Bedarfsträger lückenlos durchgeführt werden. Mängelrügen sind am Lieferschein oder Wareneingangsschein zu vermerken und an die Einkaufsstelle weiterzuleiten. Aus IKS-Gründen sollte der Bedarfsträger nicht selbst beim Lieferanten reklamieren.

Eventuelle Naturalrabatte sind in die Bestandsführung aufzunehmen und dürfen keine Lieferantengeschenke an Mitarbeiter darstellen.

Einer besonderen Überwachung bedarf es der Emballagenverwaltung und deren Verrechnung.

Transportschäden sind über den Einkauf dem Lieferanten oder dem Frachtführer unverzüglich zu melden.

14.3 Die Rechungskontrolle

Der VS/GF muss nach dem Unvereinbarkeitsprinzip dafür sorgen, dass nicht die gesamte Rechnungsprüfung in der Hand des Einkäufers liegt. Der Einkäufer sollte nur die Richtigkeit der Einheitspreise auf der Eingangsfaktura bestätigen. Menge und Qualität bestätigt entweder die Wareneingangsstelle oder der Bedarfsträger. Die eventuell notwendige rechnerische Prüfung (bei nicht EDV-gestützten Rechnungslegungen) kann z.B. im Rechnungswesen erfolgen.

14.4 Lagerwirtschaft

Das Produktions- und das Verkaufslager haben die Aufgabe, die von der Produktion und vom Vertrieb benötigten Güter und Waren

- in erforderlicher Art, Menge und Qualität
- zum richtigen Zeitpunkt
- und am richtigen Ort
- unter Beachtung des Prinzips der Wirtschaftlichkeit bereitzustellen.

Um diese Aufgabe optimal zu erfüllen ist im Lagerwesen ein gut funktionierendes IKS von besonderer Bedeutung.

Informationen und Daten aus dem Bereich der Lagerwirtschaft sind wichtig für die Wahrnehmung und Beurteilung der Effizienz der Lagerwirtschaft. Um wirksame Konsequenzen aus diesen Informationen zu ziehen, müssen diese richtig, vollständig, aktuell und laufend den Geschäftsleitungen zur Verfügung stehen.

14.4.1 Das IKS Prinzip der Wirtschaftlichkeit erfordert daher

- die Sicherstellung einer hohen Lieferbereitschaft; es müssen daher programmierte Kontrollen für Höchst- und Mindestbestände in der EDV-gestützten Bestandsführung eingebaut sein
- eine geringe Kapitalbindung; das Programm für die Lagerbestandsführung muss daher für jede Position Umschlagshäufigkeit und Lagerdauer errechnen und ausweisen

- geringe Kosten der Ablauforganisation im Lager; die Kennzahlen wie Kosten pro Bestellung bzw. Lagerbewegung, Lagerdauer, durchschnittlicher Bestellwert müssen laufend beobachtet werden, wenn möglich sollte der VS/GF Vergleichskennziffern aus seiner Branche beschaffen, um seine eigene Wirtschaftlichkeit im Lagerwesen besser beurteilen zu können.

Eine Regelung zur Vermeidung von Lagerhütern, verdorbenen und obsoleten Waren ist vorzugeben.

14.4.2 Das IKS Prinzip der Sicherheit

Das IKS Prinzip der Sicherheit verlangt, dass alle gelagerten Güter gegen zufällige, fahrlässige oder dolose Ereignisse, die zu einer Zerstörung, Beschädigung oder Entwendung führen, geschützt werden. Das verlangt eine Regelung und Überwachung des Lagerzutritts, eine Schlüssel- und Verschlussorganisation und einen Versicherungsschutz. Der Lagerleiter oder seine Stellvertretung hat eine permanente Anwesenheitspflicht. Die Anwesenheitszeit des Lagerpersonals ist mit Zeitnahmegeräten zu erfassen.

Für die Überwachung diebstahlgefährdeter Güter sind, zusätzlich zur EDV-Bestandsführung, händisch geführte Lagerfachkarten bei den gelagerten Artikeln zu führen. Unter Umständen sollte für solche sensiblen Güter eine permanente Inventur angeordnet werden.

Für folgende Funktionen gilt das Prinzip der Unvereinbarkeit:

- Wareneingang und Rechnungsfreigabe
- Einlagerung und Verkauf von Waren
- Verrechnung und Inkasso
- Bestandsführung (Lagerbuchhaltung und Wareneingang).

Bei Einstellung von Lagerpersonal sollten Informationen hinsichtlich der Verlässlichkeit beim früheren Dienstgeber eingeholt werden.

Für Warenvernichtung, Verschrottung und verbilligten Abverkauf obsolet gewordener Güter muss der GF Regelungen nach dem Vier-Augen-Prinzip vorgeben.

Torkontrollen sollten stichprobenweise für ausgehende Transporte und Personal vorgesehen sein.

14.4.3 Das IKS Prinzip der Ordnungsmäßigkeit

Dieses Prinzip sollte für das Lager definiert sein. Die Einführung einer schriftlichen Lagerordnung (Ablaufanweisung) wäre daher sinnvoll.

Hinsichtlich der Ordnungsmäßigkeit existieren für die Lagerbewertung und Inventur Vorschriften:

- Gemäß § 240 II HGB muss jeder Kaufmann am Schluss eines jeden Geschäftsjahres ein Inventar aufstellen
- § 141 AO sieht jährliche Bestandsaufnahmen vor

- §5 I EStG bestimmt, dass die handelsrechtlichen Grundsätze für die Gewinnermittlung maßgebend sind
- §6 I Z2 EStG behandelt die Bewertung und Wertberichtigung der Lagergüter.

Die Ordnungsmäßigkeit hängt nicht zuletzt von der Effektivität der EDV ab, soweit diese die Lagerwirtschaft betrifft.

Folgende Anforderungen an die Ordnungsmäßigkeit müssen geregelt sein:

- die Befugnis Bestandskorrekturen und Preisänderungen in der Bestandsführung (Lagerbuchhaltung) vorzunehmen
- es muss sichergestellt sein, dass keine Ware das Lager verlassen kann, wenn nicht ein Beleg ausgestellt wird (sicherheitshalber ein vornummerierter Lieferschein, interner Entnahmeschein, Barverkaufsschein etc.)
- innerbetriebliche Entnahmebelege sollten nach dem Vier-Augen-Prinzip gehandhabt werden, um den betrieblichen Zweck sicherzustellen
- für außerhalb des Lagers gelagerte Güter muss es eine Kontrollevidenz geben (Außenlager, Vertreterkollektionen, Fahrverkäuferbestände, gelieferte Kommissionswaren etc.)
- bei der Emballagenverrechnung muss sichergestellt sein, dass bezahltes Leergut ordnungsgemäß retourniert und verrechnet wird
- die buchmäßige und körperliche Vereinnahmung von Warenretouren muss gesichert sein.

14.5 Inventuren

Wie unter P 14.4.3 beschrieben ist zum Bilanzstichtag eine Bestandsaufnahme an Roh- und Hilfsstoffen sowie Fertig- und Handelswaren durchzuführen.

Die Ordnungsmäßigkeit einer Bestandsaufnahme ist abhängig von einer klaren Inventuranweisung durch einen designierten Inventurleiter. Letzterer hat dafür zu sorgen, dass die Aufnahmeblätter folgende Angaben enthalten:

- laufende Nummer der Aufnahmeblätter
- Lagerort
- Zeitpunkt der Bestandsaufnahme
- Mengenangabe der gezählten Positionen
- Verpackungseinheit
- Unterschrift des Aufnehmers
- Unterschrift des Helfers/Kontrolleurs.

Zur Ordnungsmäßigkeit und Sicherheit der Bestandsaufnahmen gehören noch folgende Richtlinien:

- bei einer vor- oder nachverlegten Stichtagsinventur sind die Bewegungen bis zum Stichtag durch eine ordnungsgemäße Bestandsführung nachzuweisen
- die Sollbestände dürfen dem Aufnahmeteam nicht bekannt sein
- die rollende Ware ist abzugrenzen

- Waren, die in fremdem Eigentum stehen (noch nicht gutgeschriebene Kundenretourware, erhaltene Lieferungen zur Ansicht, Kommissionsware etc.) sind vor der Zählung auszusondern
- es ist sicherzustellen, dass alle Inventurorte auch außerhalb des Hauptlagers erfasst werden
- der Rücklauf der ausgegebenen Zähllisten muss lückenlos sein
- Bestände, die nur geschätzt werden können (Schüttgüter) sind nach dem Vier-Augen-Prinzip aufzunehmen
- eine ordnungsgemäße Inventur setzt voraus, dass vor der Zählung das Lager in einen ordnungsgemäßen Zustand versetzt wird (Zusammenlegung identischer Waren, geordnetes Stapeln, Bezeichnen und Zugänglichmachen, Aufräumen etc.)
- nicht nur die Reinschriften der Bestandsaufnahmen, sondern auch die Originalzähllisten unterliegen der gesetzlichen Aufbewahrungsfrist.

15 Das Interne Kontrollsystem in der Produktion

Die Aufgabe der Produktion ist es, marktfähige Erzeugnisse zu einem optimalen Kosten/Leistungsverhältnis nach einem vorgegebenen Unternehmensziel herzustellen.

Das gilt sowohl für die

- Gewinnung von Rohstoffen in Gewinnungsbetrieben
- Herstellung von Fertig- und Halbfertigerzeugnissen in Fertigungs- und Bearbeitungsbetrieben
- Erbringung von Dienstleistungen
- und Herstellung immaterieller Güter (z.B. Software, Know-how).

15.1 Überwachung der Wirtschaftlichkeit der Produktion

Hier sollte zur schnelleren Überwachung ein Kennziffernnetz aufgebaut sein. Kennziffern zur Überwachung der Wirtschaftlichkeit sind z.B. folgende:

- Produktionsgrad, Leistungsgrad, Produktionsdauer
- Rohstoffmenge im Verhältnis zur Produktionsmenge
- Energieverbrauch im Verhältnis zur Produktionsmenge
- Auslastungsgrad der Produktionsanlagen
- Ausschussquoten
- Abfallquoten
- Ausbeutequoten.

Aber auch Tagesberichte sollten die Betriebsleitungen zur laufenden Überwachung der Wirtschaftlichkeit erhalten.

Zum Beispiel:

- Bericht über Maschinenstillstände und deren Begründung
- täglicher Produktionsbericht
- Bericht über Kundenreklamationen und Schadenersatzzahlungen
- Bericht über die laufenden Qualitäts- und Endkontrollen.

Die persönliche Überwachung kann er beispielsweise durch Stichproben in den Produktionsabschnitten oder Kontrolle des Auftragsbestands in der Arbeitsvorbereitung vornehmen.

15.2 Sicherheit in der Produktion

Es müssen Maßnahmen gegen Diebstahl und Schwund im Lager für die Instandhaltungs- und Reparaturmaterialien der Produktion getroffen sein.

In den Hauswerkstätten sollte es keine Arbeiten für den unentgeltlichen privaten Bedarf der Dienstnehmer geben.

Beim Einkauf von Reparaturmaterial für die Produktion muss ein Abzweigen für den privaten Bedarf ausgeschlossen sein. Das heißt auch dieser Einkauf muss über die Einkaufsstelle laufen.

16 Das Interne Kontrollsystem im Vertrieb

Aufgabe des Vertriebs ist es, die Verwertung der erbrachten betrieblichen Leistungen durchzuführen. Es ist die letzte Phase des Betriebsprozesses, der zum Rückfluss der eingesetzten Werte führt und somit die Weiterführung der Produktionsfähigkeit ermöglicht.

Das IKS verlangt vom VS/GF, dass er zunächst

- Marktforschung
- Produkt- bzw. Leistungsgestaltung
- Marketing, Preis- und Konditionengestaltung
- Verkaufsförderung und Werbung
- Kundendienst
- Distribution, Warenausgang

plant und von den Gesellschaftern bzw. vom Aufsichtsrat genehmigen lässt.

16.1 Marktforschung

Die vorliegenden Daten der Planung sind nach entscheidungsrelevanten Kriterien zusammenzufassen und zu strukturieren. Die Interpretation der Daten soll dann die Erkenntnisse für Marketingentscheidungen bringen.

Der VS/GF hat die Pflicht, die Marktforschung im eigenen Unternehmen oder durch „out sourcing" extern durchzuführen. Alle notwendigen internen und externen Daten müssen für die Marktforschung zur Verfügung gestellt werden. Die Analysen müssen zeitgerecht erstellt werden. Die mit der Marktforschung Beschäftigten müssen an allen Verkaufs- und Produktionsbesprechungen teilnehmen.

16.2 Produkt- und Sortimentgestaltung

Die Produkt- und Sortimentgestaltung muss dem vorgenannten Marketing-Konzept, der Konkurrenzanalyse und der Absatzprognose angepasst sein. Systematisch muss an der Weiterentwicklung neuer Produkte gearbeitet werden. Der Lebenszyklus eines Produkts läuft in 5 Phasen (Einführungs-, Wachstums-, Reife-, Sättigungs- und Degenerationsphase) ab.

Es ist daher im Sinne des IKS für entsprechende Maßnahmen zu sorgen (z.B. Herausnahme veralteter Produkte aus dem Sortiment, Abverkauf mit Preisnachlass etc.).

Das Sortiment sollte so gestaltet sein, dass es zwar möglichst viele Kundenwünsche befriedigt, aber aus wirtschaftlichen Gründen nicht aufgebläht wird.

16.3 Preis- und Konditionengestaltung

Die Kalkulation der Preise, Rabatte, Boni und Skonti darf der VS/GF nicht allein in die Hände der Verkaufsleitung legen. Sie muss nach dem Vier-Augen-Prinzip durchgeführt werden (gemeinsam mit Finanzleiter). Das gleiche gilt für die Liefer- und Zahlungsbedingungen, Zahlungsziele und Kreditlimits.

Wechselannahme ab einer bestimmten Höhe, Sonderangebote und Verkaufsaktionen sind mit der Finanzleitung zu besprechen.

Das Provisionssystem mit dem Außendienst und den Vermittlern darf nicht vom Umsatz abhängig gestaltet werden, sondern muss auf erzielte Deckungsbeiträge abgestimmt sein.

16.4 Warenausgang

Es muss sichergestellt sein, dass Auslieferungen nur gegen Versandauftrag/ Versandanzeige durchgeführt werden.

Die Fakturierung muss unabhängig von der Buchhaltung und Versandabteilung sein. Unterlage für die Fakturierung muss die Versandanzeige sein.

Die Kontrolle der Ausgangsrechnungen soll unabhängig von der Fakturierung durchgeführt werden (Vergleich mit Bestellung, Lieferschein und Versandanzeige). Keinesfalls sollten Gefälligkeits- oder fingierte Rechnungen toleriert werden, auch wenn Kunden darum ersuchen.

Es muss eine Kontrollautomatik in der Fakturierung installiert sein, die sicherstellt, dass alle Lieferungen und Leistungen fakturiert werden.

Für die innerbetrieblichen Lieferungen und Leistungen muss eine schriftliche Regelung für deren Verrechnung vorgegeben werden.

Die Bonitätsprüfung neuer Kunden, die Festlegung von deren Kreditlimits, Konditionen und Zahlungsziele haben nach dem Vier-Augen-Prinzip zwischen Vertriebs- und Finanzleitung zu erfolgen.

Folgende Verkäufe sollten besonders überwacht werden:

- an Mitarbeiter
- Anlagenverkauf
- obsolet gewordene Waren und Produkte
- beschädigte Waren und Produkte
- Ausstellungsstücke von Messen
- Mustersendungen
- so genannte Streckengeschäfte (Lieferungen an Kunden, die nicht über das Lager laufen)
- Verschrottungen.

16.5 Reklamationen von und Gutschriften an Kunden

Hier sind folgende Vorsorgen zu treffen:

- von Kunden reklamierte Ware muss zurückgesandt oder vor Ort vom Außendienst besichtigt werden
- Kundenreklamationen sind meistens mit einer Minderüberweisung des Rechnungsbetrags durch den Kunden verbunden, es muss daher ein Meldesystem zwischen Buchhaltung und Verkaufsleitung installiert sein, das eine rasche Erledigung von Kundenreklamationen gewährleistet
- Massenausbuchungen von Minderüberweisungen über das Konto, „Uneinbringliche Forderungen" zum Bilanzstichtag sind ein Indiz für schlechte Reklamations-Bearbeitung
- der Debitorenbuchhaltung sollte verboten sein, Minderüberweisungen von Kunden selbstständig auszubuchen, auch wenn die Verkaufsleitung die Reklamationen nicht oder nur schleppend abwickelt
- eine statistische Auswertung von Zahl und Art der Reklamationen kann dazu beitragen, Produktionsmängel ausfindig zu machen.

16.6 Fuhrpark und Versand

Der Fuhrpark des Unternehmens dient der Erfüllung der Transport-Erfordernisse des Unternehmens.

Es empfiehlt sich daher, die IKS-Erfordernisse für die Aufgaben und Abläufe im Fuhrpark schriftlich in einer Fuhrparkordnung festzulegen.

Folgende Regelungen sind zu treffen:

Für den LKW-Fuhrpark:

- Regelung der Fahrpausen
- Treibstoffkontrolle
- Fahrzeitenkontrolle mittels Fahrtenschreiber
- Sicherstellung der Pflege und Reparatur des LKW-Fuhrparks
- Einholung von Kostenvoranschlägen für größere Reparaturen etc.

Der Versandleiter sollte verpflichtet werden, regelmäßig Auslastungskontrollen durchzuführen sowie Leerfrachten zu vermeiden.

Regelmäßig sollte er Tourenoptimierungen vornehmen, die Beladungszeiten regeln und die Beladung überwachen.

Der Einkauf des Fuhrparks ist über die Einkaufsstelle durchzuführen. Grundsätzlich sollte der VS/GF einen regelmäßigen Kostenvergleich über die Rentabilität des eigenen Fuhrparks zu den Kosten des outsourcing an fremde Frachtführer durchführen.

Bei der Entscheidung Kauf oder Leasing von Fahrzeugen müssen vor der Entscheidung schriftliche Kostenvergleichsrechnungen angestellt werden.

Für den PKW-Fuhrpark:

- Grundsätze für den PKW-Einkauf (Marke, Größenordnung, Ausstattung)
- Berechtigung für die Benutzung der Firmenfahrzeuge
- Berechtigung für Privatfahrten (Urlaubsregelung)
- Treibstoff-, Wartungs- und Reparaturregelung
- Einhaltung gesetzlicher Vorschriften
- Fahrtenbuchführung.

16.7 Verkaufsaußendienst – Reiseordnung und Bewirtung

16.7.1 Reiseordnung

Mit dem Außendienst, aber auch bei Dienstreisen leitender Angestellter ist eine Arbeitszeitvereinbarung zu treffen. Der genannte Personenkreis ist bei der Arbeitszeiteinteilung mehr oder weniger selbstständig, daher können Arbeitszeiten im Außendienst nicht kontrolliert werden. Aus diesem Grund sollte eine Überstundenvergütung im Außendienst ausgeschlossen werden.

Festzulegen ist außerdem,

- wann öffentliche Verkehrsmittel und wann der eigene Fuhrpark verwendet werden soll
- die Benutzung von Vertragshotels
- fristgerechte Abrechnung der Reisekosten
- Anweisungsbefugnis für die Auszahlung der Reisekosten (Vier-Augen-Prinzip)
- Kontrolle der Reisekostenabrechnungen
- Regelung Tagesspesen, Übernachtungspauschalen, Fahrtenbuchführung etc.

16.7.2 Bewirtungs- und Geschäftsanbahnungsspesen

Geschäftliche Bewirtungen sind gemäß § 4 V Nr. 1+2 EStG nur zu 70 % abzugsfähig. Die R21(5) der Einkommensteuerrichtlinien (EStR) sind zu beachten.

Hinsichtlich der Belege für die Bewirtung von Kunden gibt es von Seiten der Finanzverwaltung umsatzsteuerliche Vorschriften.

Für Geschäftsanbahnungs- und Bewirtungsspesen mit Werbecharakter sollten daher klare Regelungen herausgegeben werden:

- derartige Ausgaben sind pro Profit-Center zu budgetieren
- es muss ein konkreter Zusammenhang mit einem Geschäftsabschluss bestehen
- anlässlich von Präsentationen neuer Produkte können Bewirtungen, soweit sie den üblichen Rahmen nicht überschreiten, als Imagewerbung verrechnet werden

- Werbegeschenke müssen eindeutig auf die vom Unternehmen erzeugten/ gehandelten Produkte oder auf das Unternehmen selbst werbend hinweisen
- für die üblichen Weihnachtsgeschenke an Kunden sollte es eine Evidenzhaltung geben, die alljährlich aktualisiert werden muss
- der Verbrauch von Werbegeschenken, die auf Lager gehalten werden, muss überwacht werden
- Bewirtungen von Kunden sollten im Einklang mit der Bedeutung des Geschäftsfalles stehen.

17 Das Interne Kontrollsystem im Personalwesen

Die Aufgabe der Personalwirtschaft besteht in der Gewährleistung der erforderlichen Personalkapazität, der Erhaltung und Förderung der Leistungsfähigkeit sowie der Leistungsbereitschaft der im Unternehmen tätigen Menschen. Die vorgenannten Aufgaben unterteilen sich wie folgt:

- die Planung von Personalbedarf und Personaleinsatz
- die Personalrekrutierung
- die Personalentwicklung
- die Gestaltung der Arbeitsbedingungen und
- die Personalverwaltung (Lohn- und Gehaltsverrechnung etc.).

Gerade im jetzigen Zeitalter der globalen Wirtschaft werden die Anforderungen an die Qualität der Mitarbeiter immer größer, weil man sich dem internationalen Wettbewerb zu stellen hat.

Ein IKS ist somit auch im Personalwesen notwendig.

17.1 Neueinstellungen

Die Kompetenz für Personaleinstellungen, Kündigungen und Entlassungen muss eindeutig vorgegeben sein. Die Personalabteilung bzw. Personalstelle sollte sich nur auf die Beratung, Verwaltung und Steuerung beschränken. Das Entscheidungsgewicht für Ein- und Ausstellungen muss bei den Linienstellen (Profit-Centers) und bei der Geschäftsführung liegen.

Verlangen sollten die Unternehmen, dass bei Neueinstellungen ein *screening* (Auskunftseinholung bei Vordienstgebern oder Vorstrafenregister) vorgenommen wird.

Bei der Festlegung der Bezüge sollte immer versucht werden, die Entlohnung, soweit es möglich ist, erfolgsabhängig zu gestalten.

17.2 Beendigung von Dienstverhältnissen

Bei Austritt eines Mitarbeiters muss IKS-mäßig abgesichert sein, dass der Mitarbeiter das von ihm benutzte Firmeneigentum zurückgibt. Zum Beispiel: Werkzeug, Arbeitskleidung, Arbeitsschutzvorrichtungen, ordnungsgemäße Übergabe des Dienstfahrzeugs und Abwicklung des Firmendarlehens.

Es ist sicherzustellen, dass die Lohn- oder Gehaltsabrechnung von während des Monats ausgetretenen Dienstnehmern richtig in die monatliche EDV-Abrechnung einfließt.

17.3 Zeiterfassung

Hier muss der VS/GF das IKS so gestalten, dass

- die Gleitzeiterfassung überwacht wird
- keine Mitarbeiter von der Anwesenheitskontrolle ausgenommen sind
- eine Kontrolle zwischen in der Lohnverrechnung zu verrechnenden und tatsächlich geleisteten Arbeitsstunden gegeben ist
- nur angeordnete Überstunden zur Verrechnung gelangen
- die geleisteten Überstunden auch betriebsnotwendig waren.

Nebenbeschäftigungen insbesondere von leitenden Angestellten sind dem VS/GF zu melden und von ihm zu genehmigen.

17.4 Personalentwicklung

Sie muss von der Geschäftsführung gefördert werden, weil sich das Unternehmen laufend an sich ändernde Bedingungen anpassen muss. Aus- und Weiterbildung ist zu systematisieren.

Instrumente hierfür wären professionell durchgeführte Mitarbeiterbeurteilungen, *job rotation* und *cross training*.

17.5 Absenzen

Es muss sichergestellt sein, dass Urlaubs- und Krankheitstage vollständig erfasst und dokumentiert werden.

Ständig steigende Urlaubsguthaben von Mitarbeitern müssen limitiert sein.

Krankheiten an so genannten Fenstertagen sollten überprüft werden.

17.6 Lohn und Gehaltsverrechnung

Besonderer Überwachung bedarf die Lohn- und Gehaltsverrechnung. Zunächst ist die Stellvertretung für die Lohn- und Gehaltsverrechnung zu regeln.

Auf das Prinzip der Funktionstrennung ist zu achten. Die Lohn- und Gehaltsverrechnung ist nicht vereinbar mit der Kassenführung, Führung von Anwesenheitslisten, Festsetzung und Auszahlung der Bezüge.

Die Festsetzung der Bezüge muss in der Lohnverrechnung schriftlich vorliegen und nachvollziehbar sein. Es muss sichergestellt sein, dass Löhne, Gehälter oder Provisionen nicht an Unberechtigte oder in falscher Höhe bezahlt werden. Es ist zu überwachen, dass die Lohn- und Gehaltslisten dem tatsächlichen Personalstand entsprechen (z.B. ob Mitarbeiter, die wegen Karenzierung oder längerer Krankheit keinen Anspruch auf Entgelt haben, erscheinen).

Auch Aushilfslöhne müssen ordnungsgemäß erfasst und Werkverträge im Sinne der steuerlichen Bedingungen abgefasst sein.

18 Das Interne Kontrollsystem in der EDV & Sicherheit

Die EDV zählt heute zu den heikelsten Bereichen eines Unternehmens, wobei mit dem rasanten datentechnischen Fortschritt (e-Mail, Internet, e-Business usw.) ganz erhebliche Risiken für das Unternehmen (und den EDV-Anwender) auftauchen. Da die moderne EDV-Technik insbesondere die Netzwerktechnik (von LAN bis WWW) für den Normalanwender (fast) nicht mehr überblickbar ist, bedarf der Informatikbereich einer gesonderten „Behandlung" hinsichtlich des IKS. Man kann grob 4 Themenbereiche für das IKS unterscheiden (wobei eine Trennung fließend ist):

Die Anlagen-Sicherheit (= Schutz der Hardware vor Beschädigung oder Zerstörung und Absicherung der Software gegen unbefugten Zugriff).

Die System-Sicherheit (= Absicherung gegen die Gefahr des Verlustes von Daten und des System-Know-hows).

Die Programm-Sicherheit (= Schutz vor fehlerhaften Programmen und vor Programmen, welche eine Funktionstrennung im Sinne des IKS nicht ermöglichen oder unterlaufen).

Die Daten-Sicherheit (= Schutz der Daten vor unbefugtem Zugriff (Datendiebstahl) und Veränderung (Datenmanipulation).

Generell muss gesagt werden, dass alle Sicherheitsvorkehrungen in einem Unternehmen nur dann wirklich Sinn machen, wenn eine gewisse Sensibilisierung für den Begriff SICHERHEIT vorhanden ist, wobei dieser Begriff NICHT mit VERTRAULICHKEIT verwechselt werden sollte, wenngleich wechselseitige Abhängigkeiten durchaus gegeben sind.

18.1 Die Anlagen Sicherheit

Dieser Sicherheitsbegriff umfasst einerseits den Einschluss des Informatik-Bereichs in den Versicherungskomplex bei Elementarereignissen und andererseits jene Maßnahmen, welche die EDV-Einrichtungen gegen vorsätzliche Zerstörung (Sabotage) schützen. Schutzobjekt ist hier in erster Linie das „Rechenzentrum" mit den Datenspeichern (je nach „Informatik-Topographie").

Die wichtigsten Vorkehrungen:

- Zutrittskontrollen in Rechenzentren (wenn möglich automatisiert)
- Systempassworte im Panzerschrank mit dokumentiertem Zutritt
- Exakte Kompetenzhierarchie in Hinblick auf das Systemmanagement
- Operatormanagement (= Wer darf Systemverarbeitungen starten)
- Netzwerkmanagement
- Jobmanagement (= Wer darf Verarbeitungen starten) und

- „Capabilitymanagement" (= Wer darf was tun)
- Ernstzunehmende Benutzer- und Passwortsysteme
- **der „Benutzer" ist immer nur 1 Person**
- EDV-unterstützter (erzwungener!) Passwortwechsel
- „Firewall"-Organisation als Schutz gegen unbefugte Eindringlinge (Viren, Würmer, Trojanische Pferde usw.)
- IT-Manager entweder inhouse (mit kompetentem Vertreter!) bestellt oder auf Consulting-Basis mit Vertrag.

Es soll noch angemerkt werden, dass Maßnahmen ordentlich und nachvollziehbar dokumentiert sein und auf ihre Einhaltung geprüft werden sollen. Jede Sicherungsmaßnahme ist dann sinnlos, wenn sie im Alltag „… aus Gründen der Einfachheit" (oder mangelnder Organisation) unterlaufen werden kann.

18.2 Systemsicherheit

Um die EDV wirksam zu schützen muss man über ihr inhaltliches Ausmaß exakt Bescheid wissen, d.h. es muss ständig Klarheit darüber herrschen, wer, was, wie und mit welchem Programm zu machen hat. (Dokumentiert und aus dem letzten Stand!). Es müssen Vorkehrungen getroffen sein, dass „die EDV" auch dann reibungslos funktioniert, wenn das „höchstberechtigte" Systemmanagement aus irgendeinem Grunde „nicht kann …" (Krankheit, Jobwechsel, Druck auf Management o.ä.)

Die wichtigsten Vorkehrungen:

- „Backbone-Organisation 1" = fachliche Stellvertretung (Personalakt!)
- „Backbone-Organisation 2" = Herstellervertrag, (Consultantvertrag o.ä.)
- Programmdokumentationen (auf dem letzten Stand) und Bibliothekenverzeichnis (Achtung: hierunter fallen auch wichtige PC-Verarbeitungen, sofern sie beispielsweise Dokumente des Rechnungswesens darstellen oder zu Daten führen, welche für den Rechnungsabschluss notwendig sind!)
- Programm-Topographie auf dem letzten Stand insbesondere Verarbeitungsabläufe (Batches, bestimmte Auswertungen, periodische Abschlüsse usw.)
- Im Sinne der allgemein verstandenen „Sicherung": Bewegungsdaten-Sicherung dokumentiert (Labels!), Großvater-Vater-Sohn-Prinzip, Feuerkopien und Quellcodes außer Haus
- Schriftliche Notorganisation (*recovery-strategy*!) bei totalem EDV-Ausfall (Notfallsmanagement) – auf dem letzten Stand! – ist nicht nur in der EDV hinterlegt sondern auch an einem anderen Ort (Banksafe!). Sie enthält u.a. die Namen der zu verständigenden Personen (Telefon, Handy, Adresse, Funktion usw. – ebenfalls auf dem letzten Stand!).

Ein wichtiger Aspekt: Für die „System"-Sicherheit ist immer der-/diejenige verantwortlich, bei welchem die Programme „zu Hause" sind. Vom Rechenzentrumsmanager bis zum einzelnen PC-Benutzer, jeder sollte seine *recovery-strategy* haben = nichts anderes als seine (bisherige) Sicherung. Das wird leider oft als Erschwernis oder unnötige Arbeit angesehen. Aber Achtung: Programmwechsel, neue *Releases* und dergleichen machen scheinbar gesicherte Daten wertlos …

18.3 Programmsicherheit

Bei EDV-Programmen unterscheidet man Systemprogramme, Hilfsprogramme und Anwenderprogramme. System- und Hilfsprogramme (so genannte *tools*) sind ausschließlich für die EDV-Mitarbeiter bestimmt und dürfen durch Anwender nicht bedienbar sein. Sie ermöglichen den „direkten Zugang" zu den Daten um bestimmte Funktionen auszuführen (Sichern, Kopieren, Löschen usw.) Die Anwendungsprogramme (Fakturierung, Buchhaltung usw.) garantieren im Gegensatz dazu, dass Daten nur über einen „abgesicherten Weg" in die EDV gelangen und daher „richtig" sind. Sie müssen vertraglich so abgesichert sein (Ausnahme: Eigenprogrammierung), dass

- generell nur geprüfte Programme zur Anwendung kommen dürfen (auch bei PCs), also niemals „Privatprogramme" (Achtung: hier Lizenzproblematik, „Diensterfindungen" usw.)
- Schäden, welche durch Programmfehler entstanden sind, vom Verkäufer (oder Ersteller) der Programme behoben und (finanziell) getragen werden
- ein Notdienst erreichbar ist, wenn Probleme auftreten (Hotline)
- bei „upgrades" und „updates" die begleitenden Unterlagen (= Dokumentationen) auf dem neuesten Stand sind!

Problematik des PCs:

- der PC-Bediener hat System- und Anwenderprogramme zur Verfügung (wenn nur auf seinem PC, dann möglich, aber Achtung bei Netzwerken!)
- der PC-Bediener ist oftmals gleichzeitig auch Programmierer (z.B. Excel-Makros)
- der PC-Bediener ist manchmal auch Netzwerkmanager (Laptop-Anschluss o.ä.).

18.4 Daten Sicherheit

Hierunter fallen alle Sicherheitsschritte, welche vornehmlich mit den EDV-Anwendern außerhalb eines RZ in Zusammenhang stehen. RZ-Mitarbeiter sind eine eigene „Kategorie" von Anwendern.

Die wichtigsten Vorkehrungen (sind zum Teil ähnlich P 18.2):

- Benutzeranweisung (z.B. Veränderungsverbot an der Hardware und dem Betriebssystem)
- Regelungen für den Anschluss von Laptops, Handy und dergleichen an den PC
- Inbetriebnahme und Bedienung der Anwenderprogramme
- Zwingender Virenschutz
- Verbot der Nutzung privater Programme

- genaue E-Mail- und/oder Internet-Regeln (Downloading)
- Logging unerlaubter EDV-Schritte mit Verbindungsabbruch
- Heikle Programme sollten nur von bestimmten Bildschirmen und von bestimmten Benutzern gestartet werden können
- Hinterlegung von selbsterstellten Programmen (z.B. Excel-Tabellen, welche bereits den Charakter von Anwendungsprogrammen haben)

Zusammenfassung:

- Ein EDV-Missbrauch kann wesentlich größere Schäden nach sich ziehen als das plötzliche Ableben des Vorstandsvorsitzenden.
- EDV-Missbrauch erfolgt immer lautlos (= unbemerkt), ist an keine Tageszeit (Öffnungszeit der Firma) gebunden und kann zu einer ganz anderen Zeit wirksam werden. Er vermittelt einem Täter – leider – eine Art Erfolgserlebnis (=Hackersyndrom). Unrechtseinsicht ist nur in den seltensten Fällen anzutreffen.
- EDV-Manipulation ist heute an keinen fixen Ort gebunden und kann von überall her erfolgen.
- EDV-Missbrauch ist im Nachhinein nur sehr schwer nachweisbar, die entsprechende Rechtsprechung hinkt den tatsächlichen Gegebenheiten weit hinterher.

Sicherheit bei e-Business, b2b, b2c etc.:

Die Sicherheit bei allen Formen des e-Business (dabei vor allem bei Geldbewegungen!) mündet im Wesentlichen in folgenden Fragen:

- Ist mein Partner tatsächlich, nachweislich und verlässlich derjenige, welcher er zu sein vorgibt?
- Können meine Daten nur von diesem Partner empfangen und verstanden werden?
- Stammen die bei mir eingehenden Daten tatsächlich von diesem Partner?
- Ist während meiner Datenverbindung zu ihm niemand anderer in der Lage, unbemerkt in meine Daten zu gelangen?

Da diese Fragen mit dem herkömmlichen EDV-Sicherheitsverständnis nicht zu lösen sind (hier haben nicht nur Hard- und Software eine wesentliche Bedeutung, sondern auch *Cabelware*, Übertragungstechnik, Verschlüsselungen, Identifizierungs-Programme usw.), sollte man sich hier eines professionellen Spezialisten bedienen, mit welchem ein entsprechend exaktes Vertragsverhältnis (Haftung!) abgeschlossen werden sollte.

19 Der Einsatz von Checklisten zur Prüfung des Internen Kontrollsystems in den einzelnen Unternehmensbereichen

Folgende Checklisten in Form von Fragelisten sollen eine Hilfe und Anleitung für die Prüfung des IKS und des Ist-Zustands sein.

Eigene Prüfungen, Beobachtungen und Tests sind der Interviewtechnik vorzuziehen, wodurch sich sehr oft eine Fragestellung in Form von Checklisten erübrigt.

Weil die Prüfung des IKS eine Systemprüfung in einem bestimmten Unternehmen ist, können diese Checklisten auch keinen Anspruch auf Vollständigkeit erheben.

Sie werden darin also auch Fragen vorfinden, die für das speziell zu prüfende Unternehmen nicht relevant sind.

Andererseits werden Sie für das zu prüfende Unternehmen spezifischen Fragen zusätzlich aufnehmen müssen. Der Prüfer muss sich einer besonderen Interviewtechnik bedienen.

- Die Fragen sollten nicht vorgelesen, sondern sinngemäß gestellt werden. Suggestivfragen wie „Sie haben doch sicherlich" sind zu vermeiden, weil die Antworten dann nicht objektiv sind.
- Unklarheiten und Widersprüche müssen sofort geklärt werden.
- Zahlenangaben sollten Sie überprüfen. Unterlagen zu den Antworten sollten kopiert oder im Original mitgenommen werden.

Nach Beendigung der Untersuchungen und Befragungen ergibt sich der Ist-Zustand des IKS.

Bei der kritischen Beurteilung des Ist-Zustands sollte bei den Nein-Antworten geprüft werden, ob der erwünschte Soll-Zustand bzw. angestrebte Zweck nicht vielleicht in anderer Weise erreicht wurde.

Nach dem Vergleich mit dem erwünschten Soll-Zustand sollte dieser zur Einführung vorgeschlagen werden.

Überblick über die Checklisten (diese Checklisten stehen Ihnen auch zum kostenlosen Download unter www.vahlen.de zur Verfügung).

Checkliste	Seite
Aufbauorganisation	62
Ablauforganisation	64
Anlagenverwaltung	66

Checkliste	Seite
Sicherungsvorkehrungen	67
Sicherheit und Versicherungswesen	68
Rechnungswesen	69
Kasse und Bankverkehr	75
Verbindlichkeiten	77
Einkauf – Wareneingang	78
Lagerhaltung	80
Inventur	82
Produktion	84
Verkauf – Vertrieb	85
Fuhrpark	88
Dienstreisen	89
Repräsentation, Bewirtung, Werbegeschenke	90
Personalwesen, Lohn- und Gehaltsabrechnung	91
EDV & Sicherheit – Allgemein	94
EDV & Sicherheit – Anlagensicherheit	96
EDV & Sicherheit – Systemsicherheit	97
EDV & Sicherheit – Programmsicherheit	97
EDV & Sicherheit – Datensicherheit	99

Lfd. Nr.	Checkliste Aufbauorganisation	Ja	Nein	Kommentar
1.	Liegt ein schriftliches Organigramm für den gesamten Betrieb vor?			
2.	Sind für alle Mitarbeiter im Organigramm die Verantwortungsbereiche klar abgegrenzt?			
3.	Sind Linien- und Stabsfunktionen getrennt?			
4.	Sind die Kontrollspannen angemessen (mind. 3 – höchstens 7 Untergebene)?			

Lfd. Nr.	Checkliste Aufbauorganisation	Ja	Nein	Kommentar
5.	Gibt es Mehrfachüber- bzw. -unterstellungen?			
6.	Sind in dem Organigramm bzw. in den Einzelplänen nur miteinander zu vereinbarende Tätigkeiten zusammengefasst?			
7.	Ist das Organigramm den Mitarbeitern im erforderlichen Umfang bekannt gegeben worden?			
8.	Sind die Stellvertretungen ausreichend geregelt? • Wenn nein, welche nicht?			
9.	Ergeben sich bei Stellvertretungen Zusammenfassungen von miteinander nicht zu vereinbarenden Tätigkeiten? • Wenn ja, in welchen Bereichen?			
10.	Wird das Minimalprinzip eingehalten (so viel wie nötig, so wenig wie möglich organisiert)?			
11.	Wird die persönliche Initiative der Mitarbeiter durch die Organisation eingeschränkt?			
12.	Sind die • Organigramme • Organisationspläne • Stellenbeschreibungen auf dem neuesten Stand?			
13.	Ist die Organisation flexibel um auf Veränderungen zu reagieren?			
14.	Ist für jede Stelle die Übereinstimmung von • Aufgabe • Kompetenz • Verantwortung gegeben?			

Lfd. Nr.	Checkliste Aufbauorganisation	Ja	Nein	Kommentar
15.	Sind in jeder organisatorischen Einheit des Unternehmens alle für die Aufgabenerfüllung erforderlichen Tätigkeiten zusammengefasst? z.B. alle Einkaufstätigkeiten im Einkauf?			
16.	Kann jede organisatorische Einheit von einem Newcomer rasch durchschaut werden? Transparenz wird durch einfachste Verfahren und Abläufe erzielt.			
17.	One man – one responsibility d.h. jede Organisationseinheit sollte für ihre Aufgabenerfüllung nur eine verantwortliche Person haben.			

Lfd. Nr.	Checkliste Ablauforganisation	Ja	Nein	Kommentar
1.	Besteht bei mehreren Geschäftsführern ein Geschäftsverteilungsplan?			
2.	Grenzt dieser die Aufgabenbereiche klar ab?			
3.	Sind die Handlungs- und Unterschriftsvollmachten schriftlich dokumentiert?			
4.	Wird bei den Handlungs- und Unterschriftsvollmachten • das Vier-Augen-Prinzip • das Unvereinbarkeitsprinzip • die interne Kontrolle berücksichtigt?			
5.	Sind die Handlungs- und Unterschriftsvollmachten den Mitarbeitern im erforderlichen Umfang bekannt gegeben worden?			
6.	Sind die Vollmachtsübersichten auf dem neuesten Stand?			

Lfd. Nr.	Checkliste Ablauforganisation	Ja	Nein	Kommentar
7.	Bestehen für alle wesentlichen Arbeits-bereiche Stellenbeschreibungen? • wenn nein, für welche nicht?			
8.	Sind in den Stellenbeschreibungen nur Tätigkeiten zusammengefasst, die im Hinblick auf das interne Kontrollsys-tem miteinander vereinbar sind? • Wenn nein, in welchen Stellenbe-schreibungen sind Schwachstellen?			
9.	Bestehen für alle wichtigen Arbeits-abläufe schriftliche Arbeitsablaufbe-schreibungen?			
10.	Berücksichtigen die Dienst- bzw. Ar-beitsanweisungen in ausreichendem Maße das Vier-Augen-Prinzip oder sonstige Kontrollen?			
11.	Sind die Arbeits- bzw. Dienstanweisun-gen auf dem neuesten Stand?			
12.	Welche Arbeitsabläufe sollten eben-falls entsprechend geregelt werden?			
13.	Sind alle organisatorische Regelungen auch bekannt gemacht?			
14.	Sind die schriftlichen Regelungen und Anweisungen schon so umfangreich, dass ein Organisationshandbuch zweckmäßig wäre?			
15.	Werden genehmigungspflichtige Ge-schäftsfälle und Verfahren eingehalten bzw. überwacht?			

Lfd. Nr.	Checkliste Anlagenverwaltung	Ja	Nein	Kommentar
1.	Bestehen eindeutige Regelungen und Vollmachten für die Anschaffung von Anlagegegenständen? (Investitionsantrag, Investitionsrechnungen, Genehmigungsverfahren) • Wird die Einhaltung überwacht?			
2.	Bestehen Regelungen für die Wartung und Instandhaltung der Anlagen? • Wird die Einhaltung kontrolliert?			
3.	Bestehen Regelungen bei der Veräußerung und Verschrottung von Anlagegegegenständen? (Vier-Augen-Prinzip bei Preisfestsetzung, Verschrottungsgenehmigung, Entsorgung, Meldung an FIBU)			
4.	Ist sichergestellt, dass die Anlagegegenstände vollständig und zeitgerecht in das Anlagenverzeichnis (Datei) erfasst werden?			
5.	Wird die Anlagendatei gewartet?			
6.	Wird eine periodische Bestandsaufnahme der Anlagengegenstände mit anschließendem Soll-Ist-Vergleich vorgenommen? Wird den ungeklärten Abgängen nachgegangen?			
7.	Ist eine Identifizierung mit fortlaufenden Inventarnummern zweckmäßig?			
8.	Wie werden die geringwertigen Wirtschaftsgüter registriert und dolose Handlungen hierdurch verhindert?			
9.	Werden selbst hergestellte Anlagen richtig mit den Herstellungskosten bewertet und aktiviert?			
10.	Werden abgeschriebene Anlagen durch Erinnerungswerte evident gehalten?			

Lfd. Nr.	Checkliste Anlagenverwaltung	Ja	Nein	Kommentar
11.	Entsprechen die Summen des Anlagenverzeichnisses denen der FIBU?			
12.	Sind die geleasten Anlagegegenstände gesondert registriert?			
13.	Wer entscheidet und gibt es Richtlinien zur Unterscheidung was aktivierungspflichtige Anlagen, Instandsetzungen und Instandhaltungen sind?			

Lfd. Nr.	Checkliste Sicherungsvorkehrungen	Ja	Nein	Kommentar
1.	Bestehen Sicherungsvorkehrungen gegen den Zutritt von Unbefugten (in Lagern, EDV-, Verkaufsräumen etc.)?			
2.	Bestehen Sicherungsvorkehrungen gegen den Zugriff Unbefugter auf Vermögensgegenstände, Urkunden und schutzwürdige Daten? • Welche Vorkehrungen sollten noch getroffen werden?			
3.	Gibt es ein Schlüsselprotokoll (Verzeichnis, wem welche Schlüssel ausgehändigt oder sonstige Sicherungsvorkehrungen bekannt gemacht worden sind)?			
4.	Werden die nicht ausgehändigten Schlüssel und ähnliche Sicherungsvorkehrungen so aufbewahrt, dass sie einem unbefugten Dritten nicht zugänglich sind?			
5.	Berücksichtigt die Verteilung von Schlüsseln und sonstigen Sicherungsvorkehrungen in ausreichendem Maße die Erfordernisse des Vier-Augen-Prinzips und das Prinzip der Unvereinbarkeit?			

Lfd. Nr.	Checkliste Sicherungsvorkehrungen	Ja	Nein	Kommentar
6.	Ist das Verzeichnis der Verteilung der Sicherungsvorkehrungen (Schlüssel usw.) auf dem neuesten Stand?			
7.	Welche Sicherungen und Maßnahmen gibt es für den Ausfall der EDV-Anlage?			
8.	Welche Sicherheiten gibt es gegen Missbrauch von Insider-Informationen, Betriebsspionage?			
9.	Welche Ehepaare und Verwandten sind im Unternehmen in welchen Funktionen tätig? Wird hierbei gegen Grundsätze des IKS verstoßen? Unvereinbarkeit?			
10.	Sicherung gegen Brand, Einbruch, Unfälle?			
11.	Sind Alarm- und Fluchtpläne, Sicherung der Geldtransporte vorhanden?			
12.	Ist die Sicherheit der Geldtransporte gewährleistet?			

Lfd. Nr.	Checkliste Sicherheit und Versicherungswesen	Ja	Nein	Kommentar
1.	Gibt es eine Dienstanweisung über das Prozedere der Versicherungsabwicklung?			
2.	Werden Angebote bei mehreren Versicherungsanstalten eingeholt?			
3.	Wird geprüft, ob das Risiko nicht selbst getragen werden kann?			
4.	Wird die Versicherungssumme auf den höchstmöglichen Schaden limitiert?			
5.	Ist die Einschaltung von Maklern zweckmäßig?			

Lfd. Nr.	Checkliste Sicherheit und Versicherungswesen	Ja	Nein	Kommentar
6.	Fließen Mitarbeitern, die für den Abschluss von Versicherungen verantwortlich sind bzw. deren Angehörigen hieraus Abschluss- und Inkassoprämien zu?			
7.	Ist die Abwicklung von Schadensfällen geregelt. Ist z.B. der Eingang des Schadensbetrags gesichert?			
8.	Werden die Polizzen sicher aufbewahrt?			
9.	Wird der Versicherungsschutz laufend den Veränderungen der Zu- und Abgänge angepasst?			
10.	Bestehen angemessene Sicherheitsmaßnahmen zum Schutz gegen Diebstahl und Einbruch, die zur Senkung der Prämien führen sollten?			
11.	Vier-Augen-Prinzip für Schadensmeldungen bei Versicherungen zwecks Vermeidung von Versicherungsbetrug?			

Lfd. Nr.	Checkliste Rechnungswesen	Ja	Nein	Kommentar
1.	**Tagfertigkeit** Künstlich herbeigeführte Arbeitsrückstände rufen Unübersichtlichkeit hervor, erschweren Kontrollen. Oft wird der Eindruck von Eifrigkeit und Arbeitsüberlastung, gepaart mit der Unabkömmlichkeit (jahrelang kein Urlaub) vorgespielt.			
2.	**Belege** Sind folgende Anforderungen gegeben?			
2.1	Keine Buchung ohne Beleg			

Lfd. Nr.	Checkliste Rechnungswesen	Ja	Nein	Kommentar
2.2	Einhaltung der gesetzlichen „Belegstrenge" • Unleserliche, undeutliche Schrift, Rasuren? • Verschmutzung von Buchungsunterlagen (Vorwand für die Anfertigung sauberer Abschriften) • Verwendung von Fotokopien als Ersatzbelege, damit Radierungen auf Originalen nicht auffallen?			
2.3	Chronologie der Belegverbuchung			
2.4	Verwendung von dokumentsicheren Schreibgeräten			
2.5	Berechtigung für die Ausstellung von Umbuchungen und Stornos			
2.6	Sicherstellung der Vollständigkeit der Belege			
2.7	Keine Belegverarbeitung ohne Prüfung der formellen und materiellen Richtigkeit			
2.8	Standardisierung der Belegvermerke, Dokumentierung der Diktatzeichen und Unterschriften der Freigabeberechtigten und Kenntnisbringung an Einkauf, Buchhaltung, Lager etc.			
2.9	Belegentwertung zwecks Vermeidung der Wiederverwendung (wichtig bei Mikroverfilmung)			
2.10	Vermeidung unberechtigter Belegentnahmen			
2.11	Verwendung der vorgesehenen (verrechenbaren) Drucksorten			
2.12	Regelung Belegfluss			
2.13	Einhaltung der gesetzlichen Aufbewahrungspflicht			

Lfd. Nr.	Checkliste Rechnungswesen	Ja	Nein	Kommentar
3.	**Dateneingabe (siehe auch Checkliste EDV Sicherheit)** Sind folgende Regelungen gegeben?			
3.1	Festlegung des berechtigten Personenkreises			
3.2	Benutzungsberechtigung an den Terminals			
3.3	Regelung Passwortwechsel			
3.4	Berechtigung für die Anlage und Veränderung von Stammdaten			
3.5	Berechtigung für die Veränderung von Bewegungsdaten. Die Möglichkeit, erfolgswirksame Umbuchungen durchzuführen verlangt das Vier-Augen-Prinzip. Hervorrufung von Unübersichtlichkeit durch Vornahme zahlreicher Umbuchungen und Stornierungen.			
3.6	Festlegung und Programmierung der Buchungssymbole Vermeidung von: • Absichtlich falsche Verwendung von Symbolen, um Belegauffindung zu erschweren. • Programmierte Möglichkeit von Kontenraffungen, die Intransparenz schaffen.			
3.7	Ist aufgrund der Beleg- und Gegenkontenhinweise auf den Konten jede Buchung prüf- und nachvollziehbar?			
3.8	Alle Umbuchungen von Vorrats- oder Wareneinsatzkonten, wenn die Gegenkonten Forderungen oder Verbindlichkeiten betreffen, verlangen das Vier-Augen-Prinzip.			

Lfd. Nr.	Checkliste Rechnungswesen	Ja	Nein	Kommentar
4.	**Datenergebniskontrolle** Sind folgende Regelungen gegeben?			
4.1	Informationspflicht des Vorgesetzten bei falschen Ergebnissen			
4.2	Funktionstrennung Belegerstellung, Dateneingabe, Zahlungsverkehr			
4.3	Protokollierung aller Veränderungen von Stamm- und Bewegungsdaten			
4.4	Kontrolle und Auswertung der Protokolle durch Finanz- bzw. EDV-Leitung			
4.5	Dokumentation von Umschlüsselungen und automatisierten Kostenumlagen in der Kostenstellenrechnung			
4.6	Minimierung, Festlegung und Dokumentation aller Buchungen, die nur in der Kostenrechnung durchgeführt und nicht in der Finanzbuchhaltung erscheinen (z.B. Auslagerung der innerbetrieblichen Verrechnung in die Kontengruppe 99)			
4.7	Sicherheit des Datentransports außer Haus			
5.	**Datensicherheit (siehe auch Checkliste EDV Sicherheit)** Sind folgende Sicherheiten gegeben?			
5.1	Kein Unbefugter soll Daten der Buchhaltung während • der Erfassung • der Verarbeitung • der Verfilmung • des Datentransports • aus der Ablage abfragen, verändern, löschen oder kopieren können.			
5.2	Ist die Beleg- und Kontoablage feuer- und diebstahlsicher?			

Lfd. Nr.	Checkliste Rechnungswesen	Ja	Nein	Kommentar
6.	**Mahnwesen** Sind folgende Regelungen und Sicherstellungen gegeben?			
6.1	Regelung Mahnintervalle Mahnautomatik für 1. und 2. Mahnung Regelung Übergabe an Rechtsanwalt oder Inkassobüro			
6.2	Information der Verkaufsabteilung über Problemkunden			
6.3	Sicherstellung, dass Debitorenkonten mit Habensalden regelmäßig auf Fehlbuchungen untersucht werden			
6.4	Regelmäßige Abstimmung zwischen Debitorenbuchhaltung und Hauptbuchhaltung vorsehen			
6.5	Ist sichergestellt, dass nachträgliche Zahlungseingänge auf bereits abgeschriebene Forderungen ordnungsgemäß vereinnahmt und gebucht werden?			
6.6	Werden regelmäßig „Offene Posten-Listen" mit Angabe der Mahnstufen ausgedruckt und auch der Verkaufsabteilung/Geschäftsleitung zur Information zur Verfügung gestellt?			
6.7	Unterdrückt die Verkaufsabteilung Mahnungen an bestimmte Kunden?			
6.8	Werden Kreditlimits festgelegt und überwacht?			
6.9	Werden und wie oft werden Saldenbestätigungen eingeholt?			
6.10	Werden Zahlungsdifferenzen von Kunden wegen Reklamationen dem Verkauf sofort zur Erledigung gemeldet? Besteht hierfür eine Systematik (Zahlungsdifferenzformular)?			

Lfd. Nr.	Checkliste Rechnungswesen	Ja	Nein	Kommentar
6.11	Sind Exportforderungen versichert und werden Insolvenzen sofort der Versicherungsanstalt gemeldet?			
7.	Funktionstrennung			
7.1	Ist eine Funktionstrennung der Mitarbeiter im Rechnungswesen von • der Kasse • der Wertpapierverwaltung • der Einkaufstätigkeit • der Verkaufstätigkeit • der Wareneingangskontrolle gegeben?			
7.2	Wer kann allein erfolgswirksame Um- und Ausbuchungen vornehmen? • Gutschriften an Kunden wegen Retouren oder Reklamation • Ausbuchung von Forderungen			
8.	Archivierung			
8.1	Ist die Ablage gegen Missbrauch gesichert?			
8.2	Wer entscheidet wann Belege vernichtet werden?			
8.3	Sind Ablagebehälter, Kartons so beschriftet, dass jeder Beleg rasch auffindbar und für die Aufbewahrungsfrist erkennbar ist?			
8.4	Werden die Datenträger entsprechend geschützt und sicher aufbewahrt?			
8.5	Können die Datenträger jederzeit und rasch durch die vorhandene Hard- und Software lesbar gemacht werden?			
8.6	Entspricht die Archivierung der Datenträger dem IKS und somit dem § 189 III UGB?			

Lfd. Nr.	Checkliste Rechnungswesen	Ja	Nein	Kommentar
9.	Berichtswesen			
9.1	Liefert das Rechnungswesen auch zukunftsbezogene Rechenwerke? • Kosten- und Ertragplanung • Investitionsrechnungen • Liquiditätsvorschauen • Unterlagen für Kalkulationen			

Lfd. Nr.	Checkliste Kasse und Bankverkehr	Ja	Nein	Kommentar
	Sind folgende Voraussetzungen für eine sichere und ordnungsgemäße Kassenführung gegeben?			
1.	Kassenführungsordnung vorhanden?			
2.	Funktionstrennung von anderen unvereinbaren Tätigkeiten			
3.	Verrechenbare Kasseneingangs- und -ausgangsblöcke (Sicherung vor Missbrauch!), Regelung für verschriebene Formulare			
4.	Sofortige Sicherung der Kassenbelege gegen Wiederverwendung			
5.	Chronologie der Eintragungen Gibt es Kassenbuchminusbestände?			
6.	Kassenkräfte • Keine Bankvollmacht für den Kassier • Prüfung der persönlichen Integrität • Regelmäßige Urlaubsvertretungen und Urlaube des Kassiers			
7.	Belegzwang und gesetzliche Belegstrenge für alle Kassenbewegungen			

Lfd. Nr.	Checkliste Kasse und Bankverkehr	Ja	Nein	Kommentar
8.	Regelung • Kassensturz • Eiserner Bestand • Versicherung des Kassenbestands • Reserveschlüssel – Schlüsselprotokoll • Verbot der Aufbewahrung privater Gelder • Sicherstellung der Abfuhr der von Dritten • einkassierten Gelder (z.B. Verkäufer) • Bargeldtransporte außer Haus • Kassenhöchst- und -mindestbestände • Verbot von länger dauernden Kassenbons • Portokassen mit Dotierungssystem			
9.	**Bankverkehr** Sind folgende Voraussetzungen gegeben?			
10.	Regelung der Bankvollmacht nach dem Vier-Augen-Prinzip (auch bei Electronic Banking)			
11.	Abstemplung aller „bezahlten" Unterlagen mit dem „Bezahlt"-Stempel			
12.	Regelmäßige Abstimmung des Geldtransitkontos „Kasse – Bank"			
13.	Werden die Bankkonditionen laufend mit anderen Bankinstituten verglichen und neu verhandelt, damit immer die optimalen Konditionen zur Anwendung kommen?			
14.	Werden die Zins- und Spesenbelastungen der Banken nachgerechnet?			
15.	Wie ist das Vier-Augen-Prinzip beim Electronic und Telebanking gesichert?			

Lfd. Nr.	Checkliste Kasse und Bankverkehr	Ja	Nein	Kommentar
16.	**Wertpapiere**			
16.1	Werden Wertpapiere in einem Bankdepot aufbewahrt? Kann die Verfügung hierüber nur durch Doppelunterschrift erfolgen?			
16.2	Bei Selbstaufbewahrung: Schutz gegen Diebstahl, Feuer, Wasser gegeben?			
16.3	Wird darauf geachtet, dass die Höhe des Wertpapierbestands der Deckung der Abfertigungs- und Pensionsrückstellungen rechtzeitig angepasst wird? (Dauerauftrag an Bank)			

Lfd. Nr.	Checkliste Verbindlichkeiten	Ja	Nein	Kommentar
1.	Besteht Funktionstrennung zwischen Zahlungsanweisung und Kontoführung?			
2.	Gibt es eine institutionalisierte Rechnungsprüfung vor der Zahlungsanweisung?			
3.	Werden Zahlungstermine und die Ausnutzung von Skonti eingehalten?			
4.	Ist sichergestellt, dass keine Rechnung doppelt bezahlt werden kann?			
5.	Wird bei Mängelrügen die Eingangsrechnung zur Korrektur an den Lieferanten retourniert?			
6.	Werden in der Buchhaltung Lieferantenskonti pro diversi vermieden?			
7.	Werden alle Eingangsrechnungen über Kreditorenkonten verbucht?			
8.	Ist die Rücksendung von Verpackungen und Gebinden so systematisiert, dass die zu erwartenden Pfandgutschriften überwacht werden?			

Lfd. Nr.	Checkliste Verbindlichkeiten	Ja	Nein	Kommentar
9.	Ist die Wiederverwendung von Eingangsrechnungen ausgeschlossen?			
10.	Wird regelmäßig eine EDV-Zahlungsvorschlagsliste der fälligen Zahlungen ausgedruckt?			
11.	Werden ausgestellte Wechsel mit allen erforderlichen Daten in ein Wechselbuch eingetragen?			
12.	Erfolgt die Wechselausstellung nach dem Vier-Augen-Prinzip?			
13.	Werden bei den elektronischen Lieferantenzahlungen die Prinzipien des IKS eingehalten?			

Lfd. Nr.	Checkliste Einkauf – Wareneingang	Ja	Nein	Kommentar
1.	Gibt es eine Einkaufsanweisung? Ist die Stellvertretung geregelt?			
2.	Wird die Beschaffung ausschließlich durch die für den Einkauf vorgesehenen Mitarbeiter durchgeführt?			
3.	Welche Bereiche umgehen die Einkaufsabteilung und warum?			
4.	Ist die Stellvertretung geregelt?			
5.	Ist der Vorgang für die Bedarfsanforderungen geregelt? • Genehmigungsverfahren • Anforderungsberechtigte			
6.	Prüft der Einkauf die Autorisierung der Bedarfsanforderungen?			
7.	Macht der Einkauf vor der Bestellung eine Wertanalyse (niedrigste notwendige Qualität und Funktion für das einzukaufende Gut) oder bestellt er gemäß Bedarfsanforderung			

Lfd. Nr.	Checkliste Einkauf – Wareneingang	Ja	Nein	Kommentar
8.	**Angebotseinholung** • Gibt es festgelegte Wertgrenzen für die Anzahl der einzuholenden Angebote? • Ist die Gültigkeitsdauer von Angeboten geregelt? • Werden immer neue Lieferanten bei Angeboten und Anfragen einbezogen? • Sind die Entscheidungsgrundlagen für die Bestellung nachvollziehbar (Dokumentation der Angebote auf Angebote-Vergleichsblatt)?			
9.	**Bestellung** • Wird das Vier-Augen-Prinzip (2 Unterschriften) eingehalten? • Werden rechtlich abgesicherte, vornummerierte Bestellvordrucke verwendet? • Wird bei Auslandsgeschäften das Währungsrisiko abgesichert? • Werden die eigenen Einkaufsbedingungen durch die Verkaufsbedingungen der Lieferanten außer Kraft gesetzt?			
10.	**Wareneingang** • Ist der Wareneingang vom Einkauf getrennt? • Ist die Mengen- und Qualitätskontrolle gesichert? Wird stichprobenweise geprüft ob diese tatsächlich und ordnungsgemäß durchgeführt werden? • Werden Mängelrügen auf den Lieferscheinen vermerkt und sofort dem Einkauf zwecks Reklamation beim Lieferanten weitergegeben? • Werden bei Warenretouren die zu erwartenden Gutschriften der Lieferanten evident gehalten oder werden die Rechnungen zwecks Korrektur retourniert?			

Lfd. Nr.	Checkliste Einkauf – Wareneingang	Ja	Nein	Kommentar
	• Werden Naturalrabatte erfasst und in der Bestandsführung eingebucht? • Wird die Bestätigung des korrekten Wareneingangs auf den Lieferscheinen mit einem WE-Stempel durchgeführt?			
11.	**Rechnungskontrolle** Ist die Rechnungsprüfung so geregelt, dass die sachliche und rechnerische Richtigkeit gewährleistet ist?			
12.	Wird von unabhängigen Personen die Ordnungsmäßigkeit, Wirtschaftlichkeit und Richtigkeit der Angebotseinholung geprüft? (siehe hierzu P 8)			
13.	Werden Einkäufe für Betriebsangehörige im Einverständnis mit der Geschäftsleitung über den Einkauf abgewickelt?			

Lfd. Nr.	Checkliste Lagerhaltung	Ja	Nein	Kommentar
1.	Gibt es programmierte Kontrollen für Höchst- und Mindestbestände?			
2.	Gibt es Regelungen für die Vermeidung und Lagerung von Obsoletwaren und Ladenhüter?			
3.	Wird eine systematische Prüfung der Umschlaghäufigkeit, Lagerdauer für alle Artikel durchgeführt?			
4.	Sind folgende Sicherheitsmaßnahmen getroffen? • Permanente Anwesenheitspflicht des Lagerleiters • Regelung Lagerzutritt, Aufenthalt unbefugter Personen • Anwesenheitszeiterfassung Personal • Torverschluss • Schlüsselprotokoll			

Lfd. Nr.	Checkliste Lagerhaltung	Ja	Nein	Kommentar
5.	Wie erfolgt die Lagerung diebstahlgefährdeter Artikel? • Durch händisch geführte Lagerfachkarten zusätzlich zur EDV-Bestandsführung? • Durch permanente Inventur?			
6.	Sind folgende unvereinbare Funktionen gegeben? • Wareneingang und Rechnungsfreigabe • Einlagerung und Ausgabe von Waren • Verrechnung und Inkasso • Bestandsführung (Lagerbuchhaltung) und Wareneingang			
7.	Wie erfolgt die Personalauswahl? • Auszug aus dem Strafregister (Leumundszeugnis) • Auskunft Vordienstgeber			
8.	Gibt es eine Regelung für die Warenvernichtung, Verschrottung?			
9.	Wie ist die Befugnis für Bestandkorrekturen und Preisänderungen geregelt?			
10.	Sind Torkontrollen für Transportfahrzeuge und Personal vorgesehen?			
11.	Bestehen ausreichende Versicherungen für die Lagerware?			
12.	Gibt es eine Regelung für Streckengeschäfte und Durchläufe? Ist die Evidenzhaltung und Verrechnung solcher Warenlieferungen als sicher zu bezeichnen?			

Lfd. Nr.	Checkliste Lagerhaltung	Ja	Nein	Kommentar
13.	Keine Lieferung ohne Beleg. Kontrollautomatik, dass nur Ware das Lager verlassen kann, wenn ein kontrollierter, vornummerierter Beleg für den Warenausgang vorhanden ist (Lieferschein, interner Entnahmeschein, Barverkaufsschein)			
14.	Regelung für innerbetriebliche Entnahmen. Werden Entnahmen für betriebliche Zwecke auf bestimmungsgemäßen Verbrauch kontrolliert?			
15.	Kontrolle und Evidenz der Außenlager, Vertreterkollektionen, Fahrverkäuferbestände, gelieferte Kommissionswaren			
16.	Ist sichergestellt, dass bezahltes Leergut ordnungsgemäß retourniert und die Verrechnung kontrolliert wird? Besteht die Gefahr, dass bei Retournierung von Leergut auch volle Behälter hinausgehen?			
17.	Haben Fahrverkäufer und Fahrer Zugang zum Lager?			
18.	Wäre die Einführung einer schriftlichen Lagerordnung zweckmäßig?			
19.	Ist die buchmäßige und körperliche Vereinnahmung von Warenretouren gesichert?			
20.	Ist die Sicherheit des internen Lagertransportes gewährleistet?			

Lfd. Nr.	Checkliste Inventur	Ja	Nein	Kommentar
1.	Werden alle Vorräte 1x jährlich körperlich aufgenommen?			
2.	Gibt es eine Inventur-Anweisung?			

Lfd. Nr.	Checkliste Inventur	Ja	Nein	Kommentar
3.	Wird zur Bestandsaufnahme ein Inventurleiter bestimmt?			
4.	Unterliegen kritische Bestände (diebstahlgefährdete und verderbliche Waren) unterjährig einer permanenten Inventur?			
5.	Werden nummerierte Inventur-Aufnahme-Listen verwendet?			
6.	Wurden alle Inventurorte erfasst (Außenlager, Vertreterkollektion, Fahrverkäufer, Ausstellungsware etc.)			
7.	Wurden nachträgliche Stichproben auf Richtigzählung gemacht?			
8.	Sind auf den Inventurlisten Soll-Bestände vorgedruckt?			
9.	Ist der vollständige Rücklauf der Inventurlisten sichergestellt?			
10.	Wurden die Abgrenzungen • zwischen Lager zu Produktion • rollende Ware • Kundenretouren • erhaltene Kommissionsware • Warenlieferung auf Probe/Ansicht vor der Zählung berücksichtigt?			
11.	Wurde bei der Zählung das Vier-Augen-Prinzip eingehalten? (Zähler + Kontrolleur)			
12.	Werden +/– Differenzen ausgedruckt, die Ursachen analysiert und an die Geschäftsleitung berichtet? Was waren die wesentlichsten Ursachen der Minusdifferenzen?			
13.	Wer ist berechtigt bzw. wer genehmigt nach der Inventur die Bestandsberichtigungen in der Lagerbuchführung vorzunehmen?			

Lfd. Nr.	Checkliste Inventur	Ja	Nein	Kommentar
14.	Wurden Ladenhüter und obsolete Teile ausgesondert? Welche Maßnahmen wurden getroffen? (Abverkäufe, Verschrottung?)			
15.	Wenn es keine Inventuranweisung gibt oder gab: • Wurde durch vorhergehendes Aufräumen, Zusammenlegung identischer Waren, geordnetes Stapeln, Bezeichnen und Zugänglichmachen eine ordnungsgemäße Inventur überhaupt möglich? • Gab es eine zeitliche Abgrenzung? • Gab es keine Warenbewegungen während der Inventur?			
16.	Wurden die zu schätzenden Schüttgüter von drei verschiedenen sachkundigen Personen einvernehmlich festgelegt?			
17.	Werden auch die Original-Zähllisten und nicht nur die Reinschriften der Bestandsaufnahme aufbewahrt?			

Lfd. Nr.	Checkliste Produktion	Ja	Nein	Kommentar
1.	Ist die Verantwortlichkeit für den Produktionsbereich klar geregelt?			
2.	Werden die Produktionsaufträge von der Arbeitsvorbereitung schriftlich erteilt?			
3.	Wie werden die Rohstoffeinsatzmenge und der Energieverbrauch festgestellt?			
4.	Wie wird die produzierte Menge ermittelt?			
5.	Wie werden die Herstellungskosten ermittelt?			

Lfd. Nr.	Checkliste Produktion	Ja	Nein	Kommentar
6.	Welche Qualitätskontrollen und End-kontrollen werden durchgeführt?			
7.	Gibt es eine Kontrolle über die Auslas-tung der Produktionsanlagen?			
8.	Gibt es für Stillstandzeiten der Pro-duktionsmaschinen ein Protokoll mit Begründungen?			
9.	Ist die Sicherheit im Ersatzteillager für Instandhaltungs- und Reparaturmate-rial der Produktion gegeben? Wie wird Diebstahl und Schwund verhindert?			
10.	Sind in den Hauswerkstätten Arbei-ten für den unentgeltlichen privaten Bedarf der Dienstnehmer ausgeschlos-sen? Gibt es schriftliche Arbeitsaufträge?			
11.	Ist beim Einkauf von Reparaturmate-rial ein Abzweigen für den privaten Bedarf ausgeschlossen?			
12.	Welche Überwachungsmechanismen gibt es für • den Ausschuss • den Abfall • die Ausbeutequoten • den Energieverbrauch • die Auslastung			
13.	Sind die kalkulierten Vorgabezeiten von Fachleuten der Fertigungstechnik erstellt? („Methods-Time-Measure-ment-Systems" (MTM) oder BMT, COMTEL, MTA, Refa)			

Lfd. Nr.	Checkliste Verkauf – Vertrieb	Ja	Nein	Kommentar
1.	Ist eine Stellvertretung gegeben?			
2.	Ist eine Regelung gemeinsam mit dem Controller/der Geschäftsleitung vorhanden für • Kalkulation der Verkaufspreise • Rabatte, Boni, Nachlässe • Liefer- und Zahlungsbedingungen • Zahlungsziele, Kreditgewährungen • Wechselannahme • Sonderangebote, Aktionen?			
3.	**Provisionen** Sind Provisionssysteme erfolgs- und nicht umsatzabhängig gestaltet? Ist eine Vermeidung von Doppelprovisionierung an eigene Verkäufer einerseits und fremde Vermittler (Agenten, Kommissionäre) andererseits gegeben?			
4.	**Fakturierung** Ist eine Sicherstellung gegeben für • Auslieferungen nur gegen Versandauftrag • Fakturierung von Streckengeschäften • Material- und Zeiterfassung bei Lohnaufträgen • Rechnungskontrolle (Vergleich mit Bestellung, Lieferschein, Versandbeleg) • innerbetriebliche Verrechnung von Lieferungen und Leistungen • Kontrollautomatik, dass alle Lieferungen und Leistungen fakturiert werden • Vermeidung von Gefälligkeits- oder fingierten Rechnungen • Regelung über Verbuchung von Teilrechnungen und Schlussrechnungen (Kontrollautomatik, dass für alle Teilrechnungen eine Schlussrechnung ausgestellt wird!)			

Lfd. Nr.	Checkliste Verkauf – Vertrieb	Ja	Nein	Kommentar
	• vornummerierte Ausgangsfakturen für die Vollständigkeitskontrolle • À-jour-Wartung der Preislisten?			
5.	Werden Reklamationen nach dem Vier-Augen-Prinzip abgewickelt?			
6.	Werden Gutschriften für Rücklieferungen vom Kunden nach dem Vier-Augen-Prinzip abgewickelt?			
7.	Erfolgt eine Kontrolle hoher Umsätze kurz vor dem Bilanzstichtag und Umsatzstornierungen am Beginn des Folgejahres?			
8.	Prüfung unüblich langer Zahlungsziele ist zweckmäßig!			
9.	Bonitätsprüfung: Regelung für • Auskunftseinholung • Information durch Buchhaltung an Verkaufüber säumige Kunden • Festlegung der Kreditlimits, Nachnahmelieferungen			
10.	Kontrollsystem im Fahrverkauf bei Inkassoberechtigung der Fahrverkäufer			
11.	Ist die Fakturierung unabhängig von der Buchhaltung und Versandabteilung?			
12.	Ist eine vollständige Übernahme der Ausgangsrechnungen in die Debitorenbuchhaltung gesichert? • Ist die lückenlose Fakturierung von Streckengeschäften gegeben?			
13.	Werden Kundenreklamationen prompt bearbeitet? Wird die reklamierte Ware besichtigt?			
14.	Ist sichergestellt, dass die Buchhaltung bei Minderüberweisungen von Kunden nicht selbstständig Ausbuchungen vornimmt?			

Lfd. Nr.	Checkliste Verkauf – Vertrieb	Ja	Nein	Kommentar
15.	Wird die Geschäftsleitung informiert, wenn Gutschriften für Kundenreklamationen schleppend oder nicht bearbeitet werden? (Eine Massenausbuchung von Minderüberweisungen zum Bilanzstichtag ist ein Indiz für schlechte Reklamationsbearbeitung!)			
16.	Werden folgende Verkäufe hinsichtlich der Preisgestaltung überwacht • an Mitarbeitern • Anlagenverkauf • obsolete Teile und Schrott • beschädigte Waren • Messeausstellungsstücke • Mustersendungen?			

Lfd. Nr.	Checkliste Fuhrpark	Ja	Nein	Kommentar
1.	Gibt es eine Dienstanweisung für den Fuhrpark?			
2.	Ist die Stellvertretung des Fuhrparkleiters geregelt?			
3.	Sind folgende Regelungen vorhanden? Fuhrparkordnung PKW • Regelung des Fuhrparkeinkaufs • Berechtigung für Benutzung der Geschäftsfahrzeuge • Privatfahrten mit Geschäftsfahrzeugen (Urlaubsregelung) • Treibstoffregelung, Wartung, Reparatur • Ausstattung bei Geschäftsfahrzeugen • Einhaltung gesetzlicher Vorschriften • vorgedruckte Fahrtenbücher mit Eintragung der Tankungen und gefahrenen Privatkilometer • Werden private PKWs auf Kosten des Unternehmens repariert (in der Haus- oder Vertragswerkstatt)?			

4.	Fuhrparkordnung LKW • Regelung Fahrpausen • Treibstoffkontrolle, Treibstofflimits • Arbeitszeitkontrolle der Fahrer mittels Fahrtenschreiber • Sicherstellung der Pflege und Reparatur des LKW-Fuhrparks • Kostenvoranschläge bei größeren Reparaturen			
5.	Finden Auslastungskontrollen des LKW-Fuhrparks statt? Werden Leerfahrten vermieden (Rückfrachten)?			
6.	Werden regelmäßig Tourenoptimierungen durchgeführt?			
7.	Regelmäßiger Kostenvergleich Eigener Fuhrpark – fremde Frachtführer – Leasing			
8.	Sind die Beladungszeiten geregelt?			
9.	Wird die Beladung überwacht?			
10.	Werden Transportschäden überwacht?			
11.	Gibt es eine Regelung für die private Verwendung von LKWs?			
12.	Ist der Einkauf von Fahrzeugen dem Einkauf zugeordnet? • Wenn nicht, warum?			

Lfd. Nr.	Checkliste Dienstreisen	Ja	Nein	Kommentar
1.	Regelung Arbeitszeit auf Dienstreisen (Überstunden und Wochenenden)			
2.	Regelung, wann welche öffentlichen Verkehrsmittel oder ein privater PKW benutzt werden sollen			
3.	Regelung Auslandsreisen (Genehmigung Flugzeugbenutzung, Vertragsreisebüros)			

Lfd. Nr.	Checkliste Dienstreisen	Ja	Nein	Kommentar
4.	Werden die vorgesehenen Vertragshotels benutzt?			
5.	Werden die Reisekosten innerhalb der vorgesehenen Frist abgerechnet?			
6.	Ist die Anweisungsbefugnis für die Auszahlung der Reisekosten festgelegt?			
7.	Werden die Reisekostenabrechnungen kontrolliert? • Datumsvergleich der Fahrtenbücher, Fahr- und Flugscheine mit der Anzahl der verrechneten Reisetage • Wurde die vorgeschriebene Kategorie der Verkehrsmittel und Hotels eingehalten? • Wurden alle Fahrpreisvergünstigungen in Anspruch genommen?			
8.	Gibt es einen Abzug bei den Pauschalen, wenn gleichzeitig Bewirtungskosten abgerechnet werden?			
9.	Werden die Tagespauschalen bei Vollverpflegung (z.B. bei Seminaren) gekürzt?			
10.	Stehen die Reisespesensätze im Einklang mit den Einkommensteuerrichtlinien?			
11.	Ist bei Dienstreisen unter 12 Stunden eine gekürzte Tagespauschale vorgesehen?			

Lfd. Nr.	Checkliste Repräsentation, Bewirtung, Werbegeschenke	Ja	Nein	Kommentar
1.	Gibt es eine klare Regelung für Repräsentations-, Bewirtungsspesen und Werbegeschenke?			

Lfd. Nr.	Checkliste Repräsentation, Bewirtung, Werbegeschenke	Ja	Nein	Kommentar
2.	Sind diese pro Profit Center budgetiert?			
3.	Stehen diese im Einklang mit dem Ergebnis des Profit Centers bzw. mit der Bedeutung des Geschäftsfalls?			
4.	Gibt es eine Evidenz über die üblichen Weihnachtsgeschenke an Kunden, und wird diese alljährlich aktualisiert?			
5.	Wird der Verbrauch von Werbegeschenken, die auf Lager gehen, überwacht?			

Lfd. Nr.	Checkliste Personalwesen, Lohn- und Gehaltsabrechnung	Ja	Nein	Kommentar
1.	Ist die Kompetenz für Personalaufnahme, Kündigungen und Entlassungen geregelt?			
2.	Bestehen klare Regelungen, wer über die Lohn- und Gehaltsfestsetzung entscheidet?			
3.	Werden bei Neueinstellungen von Personal polizeiliche Führungszeugnisse bzw. Informationen bei früheren Dienstgebern eingeholt?			
4.	Werden die Lohn- und Gehaltsfestsetzungen in der Lohnverrechnung dokumentiert und sind diese nachvollziehbar?			
5.	Ist sichergestellt, dass nicht an Unberechtigte oder zu hohe Löhne, Gehälter oder Provisionen bezahlt werden?			
6.	Ist organisatorisch gesichert, dass die Lohn- und Gehaltslisten dem tatsächlichen Personalstand entsprechen?			

Lfd. Nr.	Checkliste Personalwesen, Lohn- und Gehaltsabrechnung	Ja	Nein	Kommentar
7.	Wird überwacht, ob Mitarbeiter, die wegen Karenzierung oder längerer Krankheit keinen Anspruch auf Entgelt haben in der Lohn-/Gehaltsliste nicht aufscheinen? (Ist Austrittsdatum identisch mit Abmeldedatum bei der Gebietskrankenkasse?)			
8.	Ist die Stellvertretung für die Lohn- und Gehaltsabrechnung geregelt? • Ist diese Regelung mit dem Prinzip der Funktionstrennung vereinbar? Nicht vereinbar mit Kassenführung, Festsetzung der Bezüge, Führung von Anwesenheitslisten!			
9.	Ist sichergestellt, dass bei Austritt Werkzeug, Dienstwagen, Arbeitskleidung, restliches Firmendarlehen einbehalten werden? (Laufzettel)			
10.	Werden die Anwesenheitskontrollen überwacht? (z.B. bei Gleitzeitsystemen die Ab- und Anstempelung der Mittagspause)			
11.	Sind von der Anwesenheitskontrolle Mitarbeiter ausgenommen? • Ist dies vertretbar?			
12.	Wird Gleitzeitüber- oder -unterschreitung überwacht und ausgeglichen?			
13.	Werden Personaleinstellungen einvernehmlich zwischen Personalabteilung und aufnehmender Abteilung vorgenommen?			
14.	Gibt es Mitarbeiterbeurteilungen?			
15.	Wird darauf geachtet, dass die Mitarbeiter in Vertrauensstellungen regelmäßig ihren Urlaub nehmen und vertreten werden?			

Lfd. Nr.	Checkliste Personalwesen, Lohn- und Gehaltsabrechnung	Ja	Nein	Kommentar
16.	Müssen Nebenbeschäftigungen, insbesondere der leitenden Angestellten, der Geschäftsleitung gemeldet oder genehmigt werden?			
17.	Ist die korrekte Abrechnung von während des Monats ausscheidenden Dienstnehmern gegeben? Wie fließen diese Abrechnungen in die monatliche EDV-Lohnverrechnung ein?			
18.	Wird die Summe der geleisteten Arbeitsstunden mit dem Anwesenheitsnachweis abgestimmt?			
19.	Wird kontrolliert, ob geleistete Überstunden vom hierzu Berechtigten angeordnet waren?			
20.	Wird geprüft, ob geleistete Überstunden betriebsnotwendig waren? Konnte Zeitausgleich gegeben werden?			
21.	Werden Urlaubstage ordnungsgemäß erfasst und dokumentiert? Werden hohe Urlaubsguthaben sukzessive abgebaut? Werden laufende Aufstockungen von Urlaubsguthaben der Geschäftsleitung zur Kenntnis gebracht?			
22.	Werden Krankheitstage ordnungsgemäß erfasst und dokumentiert? Werden Krankenstände bei Fenstertagen überwacht?			
23.	Werden freiwillige soziale Leistungen widmungsgemäß konsumiert?			
24.	Ist sichergestellt, dass Aushilfslöhne ordnungsgemäß erfasst und abgerechnet werden?			
25.	Ist die Lohnauszahlung von der Lohnbuchhaltung getrennt?			

Lfd. Nr.	Checkliste Personalwesen, Lohn- und Gehaltsabrechnung	Ja	Nein	Kommentar
26.	Private Verwendung von Büromaterial • Wird teures Büromaterial auf Lager gelegt oder bei genehmigtem Bedarf direkt eingekauft? • Wird in den Abteilungen Büromaterial gehortet? • Sind Druckaufträge für die Hausdruckerei zu genehmigen und gibt es hierfür schriftliche Arbeitsaufträge?			
27.	Gibt es Regelungen für die private Verwendung • des Kopierers? • der Telefonanlage? • für die Abfertigung der privaten Korrespondenz?			
28.	Ist eine erfolgsabhängige Entlohnung möglich? (z.B. Provisionen in % des Bruttogewinns der Geschäftsfälle, Prämien für Erreichung von Deckungsbeiträgen, Marktanteilen, Neukundengewinnung, Produktionssteigerungen, Verringerung des Ausschusses und Produktionsstillstände)			
29.	Gibt es eine systematische Aus- und Weiterbildung, spezielle Schulungen in den einzelnen Bereichen?			

Lfd. Nr.	Checkliste EDV & Sicherheit Allgemein	Ja	Nein	Kommentar
1.	**Organisation** Ist die Zuordnung des Bereichs „Datenverarbeitung" aufbauorganisatorisch klar ersichtlich?			
2.	Ist der Bereich aufbauorganisatorisch klar gegliedert? (Organigramm – wie alt?)			
3.	Gibt es eine Stellen-(Funktions-)Beschreibung für den Bereichsleiter?			

Lfd. Nr.	Checkliste EDV & Sicherheit Allgemein	Ja	Nein	Kommentar
4.	Hat der Bereichsleiter einen auch nach außen bekannten Stellvertreter?			
5.	Haben die maßgeblichen Mitarbeiter des Bereichs eine Stellen-(Funktions)-Beschreibung?			
6.	Im Falle SAP R3: Ist das AIS (= Audit-Informations-System) aktiviert und wird es à jour gehalten?			
7.	Gibt es einen auf die Belange des Unternehmens abgestimmten „Risiko-katalog", auf welchen die einzelnen Maßnahmen der EDV-Sicherheit abge-stimmt sind?			
8.	**Personal** Sind alle EDV-Mitarbeiter nachweis-lich zur Verschwiegenheit verpflichtet worden?			
9.	Gibt es für Mitarbeiter mit Program-mieraufgaben eine verbindliche Ver-pflichtung zur Einhaltung bestehender Dokumentationsrichtlinien?			
10.	Sind die Arbeiten des Datenschutzbe-auftragten nachvollziehbar?			
11.	**Leistung durch Dritte** Gibt es für Leistungen durch Dritte hinreichende schriftliche Abmachun-gen (Verträge)?			
12.	Gibt es im betreffenden Vertrag ausreichenden Schutz vor finanziellen Schäden im Falle eines Leistungsaus-falls?			
13.	Sind Dritte, welche im Rahmen ihrer vertraglichen Leistungen in den Geschäftsräumlichkeiten der Unter-nehmung tätig werden, den gleichen Sicherheitsvorschriften unterworfen wie die Mitarbeiter der EDV?			

Lfd. Nr.	Checkliste EDV & Sicherheit Anlagensicherheit	Ja	Nein	Kommentar
1.	**Zutritt, Systemzugriffe, Passwort** Gibt es zu den Räumlichkeiten, in welchen wichtige Informatikinstallationen untergebracht sind, Zugangsbeschränkungen?			
2.	Wird die Einhaltung dieser Regelung nachweislich kontrolliert?			
3.	Ist sichergestellt, dass sich bei elektronischen Absicherungen (Chipcard, Nummerncode o.ä.) nur Berechtigte Zutritt verschaffen können? (Ausgeschiedene, beurlaubte Mitarbeiter, Generalkarte, Generalcode usw.)			
4.	Ist sichergestellt, dass das Passwort für die höchstrangige Berechtigung (i.d.R. Systemmanagement) schriftlich festgehalten, an einem sicheren Ort verschlossen verwahrt wird und nur gegen Unterschrift einem namhaft gemachten Mitarbeiter ausgehändigt werden darf?			
5.	Ist die Organisation der EDV-Berechtigungen auf die Notwendigkeiten im jeweiligen Wirkungsbereich der Mitarbeiter abgestimmt?			
6.	Ist sichergestellt, dass jede Anmeldung am EDV-System jederzeit einer einzelnen physischen Person zugeordnet werden kann?			
7.	Sind alle Benutzer über den sinnvollen Gebrauch eines Passworts informiert worden?			
8.	Werden alle Benutzer periodisch systemunterstützt veranlasst, ihr Passwort zu ändern?			

Lfd. Nr.	Checkliste EDV & Sicherheit Systemsicherheit	Ja	Nein	Kommentar
1.	Gibt es für das Rechenzentrumsmanagement eine schriftliche Unterlage über Art und Weise, Periodizität und Dokumentation der vorzunehmenden Sicherungsverarbeitungen?			
2.	Wird die Einhaltung dieser Regelung nachweislich überprüft?			
3.	Gibt es eine aktuelle Unterlage, aus welcher zu ersehen ist, welche zugekauften Programme im Unternehmen im Einsatz sind?			
4.	Liegen für diese Programme die notwendigen urheberrechtlichen Unterlagen und/oder Wartungsvereinbarungen vor?			
5.	Gibt es für den Fall eines längeren Systemausfalls eine „Notfallorganisation" und/oder eine „Recovery-Strategy"?			
6.	Sind die vorgesehenen Maßnahmen in diesem Zusammenhang mit den maßgeblichen Mitarbeitern („e-commerce"!!) abgestimmt worden?			
7.	Sind Maßnahmen getroffen, dass Eindringversuche von systemfremden Benutzern registriert und verfolgt werden?			

Lfd. Nr.	Checkliste EDV & Sicherheit Programmsicherheit	Ja	Nein	Kommentar
1.	**Eigenprogrammierung** Ist der Entwicklungsbereich vom Verarbeitungsbereich datentechnisch sauber getrennt?			
2.	Ist die Programmübergabe vom Entwicklungsbereich in den Verarbeitungsbereich (Programmbibliothek) durch eine nachvollziehbare Dokumentation geregelt?			

Lfd. Nr.	Checkliste EDV & Sicherheit Programmsicherheit	Ja	Nein	Kommentar
3.	Sind die Programmdokumentationen auf dem letzten Stand?			
4.	Ist der Ablauf für Änderungen bestehender Programme durch einen nachvollziehbaren Ablauf geregelt?			
5.	**Programmzukauf** Ist sichergestellt, dass für zugekaufte Programme ein Nachweis hinsichtlich ihrer Qualität (Datenrichtigkeit, Funktionalität, Handhabung usw.) vorliegt?			
6.	Ist sichergestellt, dass Anpassung solcher Programme an neue Notwendigkeiten (Rechnungswesen!) durch den Hersteller jederzeit möglich ist?			
7.	Können (vornehmlich rechnungswesenbezogene) Vergangenheitsdaten auch dann noch rekonstruiert werden, wenn die vormals angewandte Programmversion nicht mehr im Einsatz ist?			
8.	**Programmierung durch „User"** Sind Datenverarbeitungsabläufe, welche durch „User" (= Mitarbeiter außerhalb des EDV-Bereichs) mit Hilfe von PC-Programmen (z.B. MS Excel) erstellt werden, gegebenenfalls durch eine ausreichende Dokumentation für Dritte nachvollziehbar?			
9.	Sind die betreffenden User (und deren vorgesetzte Mitarbeiter) über die Notwendigkeit einer ordentlichen Datensicherung dieser Programme nachweislich informiert?			
10.	Werden Änderungen in solchen Verarbeitungsabläufen in der entsprechenden Dokumentation festgehalten?			

Lfd. Nr.	Checkliste EDV & Sicherheit Programmsicherheit	Ja	Nein	Kommentar
11.	Können Vergangenheitsdaten auch dann noch rekonstruiert werden, wenn die vormals angewandte Programmversion nicht mehr im Einsatz ist?			

Lfd. Nr.	Checkliste EDV & Sicherheit Datensicherheit	Ja	Nein	Kommentar
1.	**Allgemein** Gibt es für die EDV-Benutzer eine schriftliche Regelung (Merkblatt o.ä.), in welchem sie nachweislich (Unterschrift!) auf das Verbot von Änderungen an Hard- und Software ihres Gerätes hingewiesen werden? (= „Freak-Schutz!")			
2.	Ist die Verwendung mobiler EDV-Geräte (Laptops, Palmtops etc.) und deren Verbindung mit dem EDV-System verbindlich geregelt?			
3.	Gibt es für die in Verwendung stehenden (wichtigen) EDV-Programme aktuelle Anwendungsinstruktionen?			
4.	Ist in „befallmöglichen" EDV-Systemen ein wirksamer (nicht überalteter!) Virenschutz installiert?			
5.	Sind die betreffenden User (und deren vorgesetzte Mitarbeiter) über die Notwendigkeit einer ordentlichen Datensicherung ihrer Programme nachweislich informiert?			
6.	Werden Änderungen in solchen Verarbeitungsabläufen in der entsprechenden Dokumentation festgehalten?			

Lfd. Nr.	Checkliste EDV & Sicherheit Datensicherheit	Ja	Nein	Kommentar
7.	**Schutz nach außen** Sind alle EDV-Verbindungen nach außen aktuell katalogisiert und gegen Missbrauch wirksam (technisch und softwaremäßig) geschützt?			
8.	Ist die Verwendung mobiler EDV-Geräte (Laptops, Handys etc.) und deren Verbindung mit dem EDV-System verbindlich geregelt?			
9.	Sind EDV-Abläufe in Zusammenhang mit „e-commerce" (= Verkauf via Internet, z.B. B2B, B2C etc.) oder „e-procurement" (= Einkauf via Internet) in gesonderten, schriftlichen Dokumentationen festgeschrieben?			
10.	Wird die Einhaltung der in solchen Abläufen eingebauten Sicherungsmaßnahmen nachweislich kontrolliert?			

20 Beispiele für Dienst- und Organisationsanweisungen

20.1 Kassenordnung

Die vorliegende Kassenordnung gilt für alle Kassen, die im Rahmen eines Unternehmens geführt werden.

1. Allgemeine Vorschriften

1.1. Belegzwang

Jeder Kassenbewegung muss ein Beleg zugrunde liegen. Die Kassenbelege sind vom 1.1. bis 31.12. fortlaufend zu nummerieren und werden ausschließlich in der Buchhaltung abgelegt.

1.2. Ordnungsmäßigkeit der Belege

Kassenbelege müssen gut leserlich und inhaltlich so angefertigt sein, dass Irrtümer ausgeschlossen sind. Belege über Kasseneingänge haben die Unterschrift des Kassiers zu tragen.

Jedem Einzahler ist die Quittung auf Anforderung auszustellen. Kassenausgangsbelege sind vom Empfänger der Zahlung zu quittieren. Auszahlungen für Repräsentationsaufwand und Reisekosten müssen vom Verursacher der Kosten abgezeichnet werden. (Anweisungsbefugnis)

1.3. Kassenbuch

Soweit nicht über die Registrierkasse geführt, muss nach jedem Kassenvorgang die Eintragung in das Kassenbuch vorgenommen werden.

1.4. Form und Ordnungsmäßigkeit der Eintragungen

Die Eintragungen haben Zeile für Zeile zu erfolgen, d.h. es darf keine Zeile ausgelassen werden. Das Finanzamt legt bei Prüfungen diesbezüglich sehr strenge Maßstäbe an. Falsche Eintragungen sind so zu streichen, dass die Fehleintragung noch lesbar ist. Es sind ausschließlich die von der Buchhaltung aufgelegten Vordrucke zu verwenden.

1.5. Leerformulare – verschriebene Formulare

Leerformulare, vor allem fortlaufend nummerierte Kassenbelege, sind unter Verschluss zu halten und so vor Missbrauch zu schützen. Verschriebene Formulare sind zu entwerten.

1.6. Kassensturz – Abrechnungszeitraum

Vom Buchhaltungsleiter oder dessen Stellvertreter ist monatlich ein Kassensturz durchzuführen und eine eventuell auftretende Differenz (+ oder –) über € 100,– dem Geschäftsführer sofort zu melden.

1.7. Eiserner Bestand

Über die Mindestreserven hinausgehende Bargeld-Bestände sind täglich an die jeweils zuständige Bank abzuliefern. In der Beilage zur Kassenordnung ist die Höhe des zulässigen „Eisernen Bestands" vermerkt.

1.8. Versicherung

Sofern in den Kassenräumen Tresore vorhanden sind, sind diese bis zum Betrag der Mindestreserven versichert. Darüber hinausgehende, über Nacht im Tresor befindliche Bargelder sind nicht versicherungsmäßig gedeckt.

1.9. Kassenschlüssel

Der Kassenleiter erhält je einen Schlüssel für die Hand- und Registrierkasse und den Safe. Er hat die Schlüssel persönlich aufzubewahren und nur im Krankheits- und Urlaubsfall einem Stellvertreter für die Zeit seiner Abwesenheit zu übergeben. Der Reserveschlüssel wird im Safe der Hauptkasse hinterlegt. Bei Verlust des Schlüssels kann der Reserveschlüssel vom jeweiligen Kassier beim Leiter der Buchhaltung angefordert werden.

1.10. Private Gelder – privates Depot

Private Gelder des Kassiers oder anderer Mitarbeiter müssen erkenntlich in der Kasse aufgehoben werden.

1.11. Vorschüsse

Lohn- bzw. Gehaltsvorschüsse bedürfen der schriftlichen Anweisung der Personalabteilung bzw. des Geschäftsführers.

2. Inkasso durch Verkäufer

Verkäufer, die Akonto-Zahlungen von Kunden entgegen nehmen, sollten ausdrücklich darauf hingewiesen werden, dass bei Nicht-Abliefern bzw. verspätetem Abliefern des Barbetrags eine Unterschlagung besteht und diese Verhaltensweise zu einer fristlosen Entlassung führt. Der vom Verkäufer quittierte Kasseneingang muss der Kasse zur Eintragung in das Kassenbuch übergeben werden.

Der Geschäftsführer bzw. Verkaufsleiter sollte vornummerierte Kaufverträge blockweise an die Verkäufer ausgeben und zur Vollständigkeitskontrolle einen Nummernspiegel führen. Unverbrauchte bzw. stornierte Kaufverträge sollten je Verkäufer monatlich überprüft werden.

3. Bargeldtransporte

Mitarbeiter, die im Auftrag der Firma Geldtransporte durchführen, müssen das mit größtmöglicher Sorgfalt und Vorsicht tun.

Aus diesem Grund liegt hierfür bei der Geschäftsleitung eine nicht zu veröffentlichende, vertrauliche Ablaufanweisung vor. Jeder Kassier ist hierüber mündlich zu informieren.

20.2 Organisationsanweisung Inventuren

* zum Monatsende
* zum Bilanzstichtag

1. Inventur zum Bilanzstichtag

Den handels- und steuerrechtlichen Vorschriften gemäß ist zur Bilanzerstellung zum Bilanzstichtag eine Bestandsaufnahme aller Vorräte an Roh- und Hilfsstoffen sowie Fertig- und Handelswaren durchzuführen.

2. Inventur zum Monatsende

Aus betriebswirtschaftlichen Gründen wird monatlich zum Monatsende eine Zwischenbilanz erstellt, zu diesem Zweck werden ebenfalls monatliche Bestandsaufnahmen aller Vorräte gemäß Punkt 1 durchzuführen sein.

3. Formvorschriften für die Inventur zum Bilanzstichtag

Zur Aufnahme sollen die hierfür vorgesehenen Vordrucke verwendet werden. Sofern dies nicht möglich ist, müssen die Aufnahmeblätter folgende Angaben enthalten:

* laufende Nummer des Aufnahmeblatts
* Lagerort
* Zeitpunkt der Bestandsaufnahme
* Mengenangabe der gezählten Positionen
* Verpackungseinheit
* Unterschrift des Aufnehmers
* Unterschrift des Helfers/Kontrolleurs
* bei vor- oder nachverlegten Stichtagsinventuren sind die Bewegungen bis zum Stichtag nachzuweisen und den Zähllisten beizulegen.

Die Aufnahmelisten dürfen nicht mit Bleistift geschrieben werden, Radierungen oder Unkenntlichmachung von ursprünglichen Eintragungen sind nicht rechtens, die Streifen von Additionen sind den Zähllisten anzuheften.

Bei Ablieferung zum Bilanzstichtag sind alle Zähllisten und Hilfsaufzeichnungen an die Buchhaltung abzugeben. Die Zählunterlagen der monatlichen Zwischeninventuren verbleiben aber bei den Lagerverantwortlichen.

Alle von den einzelnen Inventurorten abgelieferten Inventurunterlagen zum 31.12. sind in der Buchhaltung sieben Jahre aufzubewahren.

4. Allgemeine Richtlinien zur Durchführung der Inventur

- Die Sollbestände dürfen dem Aufnahmeteam nicht bekannt sein. Ein Aufnahmeteam muss aus zwei Personen bestehen.
- Die Abgrenzung der rollenden Ware (Ein und Aus) ist sicherzustellen.
- Aussonderung aller Waren die im fremden Eigentum stehen (noch nicht gutgeschriebene Kundenretourware, Kommissionen, erhaltene Lieferungen zur Ansicht).
- Überprüfung ob alle Inventurorte erfasst wurden (z.B. Außenlager, Kommissionswaren von Kundenvertretern etc.)
- Kontrolle des lückenlosen Rücklaufs der ausgegebenen Zähllisten.
- Für Bestände, die nur geschätzt werden können (Schüttgüter) sind zwei sachverständige Schätzer einzusetzen. Bewusste Einbeziehung von Sicherheitsreserven sind zu unterlassen.
- Unbrauchbare bzw. eingeschränkt verwendbare Waren und Rohstoffe sind als solche zu kennzeichnen.

Grundsätzlich gelten die körperlich festgestellten Bestände, auch wenn diese von den Soll-Bestandswerten abweichen.

20.3 Organisationsanweisung zur Verbesserung der Sicherheit in den Handelswaren- und Fertigwarenlagern

Zur Verbesserung der Lagersicherheit unserer Handelswaren und Fertigprodukte ist es notwendig, dass in allen Lagern folgende grundsätzliche Maßnahmen eingeführt werden.

1. Lagerzutritt

1.1

Der Zutritt zu allen Lagern ist nur dem Lagerpersonal und sonstigen ausdrücklich hierzu befugten Personen gestattet.

1.2

Die Anwesenheit des Lagerleiters oder seines Stellvertreters ist für die gesamte Betriebszeit vorgesehen. Diese Anwesenheit ist auch notwendig
- während der Reparaturzeiten in den Lagern
- anlässlich eines eventuellen Feiertagsdienstes
- solange überhaupt Lagermitarbeiter im Lager arbeiten.

1.3

Für alle Lagermitarbeiter ist eine Anwesenheitsstempelung vorgesehen.

2. Tor und Türverschluss

2.1

In jedem Lager muss ein Schlüsselprotokoll des Gesamtbetriebs vorliegen. Dieses Protokoll muss beinhalten, welche Mitarbeiter welche Schlüssel für welche Räumlichkeiten besitzen.

2.2

Die Beschickungstore der Vorratslager sind nur bei An- und Auslieferungen offen zu halten.

2.3

Von den Lagerleitern sind alle so genannten „Fluchtschlüssel", die in den versiegelten Glaskästen aufbewahrt werden, regelmäßig auf Vorhandensein zu kontrollieren.

2.4

Die Lagertüren, die in das Innere der Lager führen, dürfen nur von der Lagerseite zu öffnen und müssen nach Möglichkeit mit einem automatischen Türschließer versehen sein.

2.5

Jeden Abend ist nach Betriebsschluss von einer hierfür vom Geschäftsführer bestimmten Person der Verschluss des gesamten Gebäudes zu kontrollieren.

2.6

Bei besonderen einbruchsgefährdeten Stellen soll gegebenenfalls durch eine entsprechende Ausleuchtung vorgesorgt sein.

3. Torkontrollen

Grundsätzlich sind Torkontrollen durchzuführen.

3.1

Torkontrollen werden unter Einbezug des Betriebsrats oder eines Vertrauensmannes eingeführt.

3.2

Bei diesen Torkontrollen wird kein Unterschied zwischen Arbeitern und Angestellten oder der hierarchischen Stellung der Mitarbeiter gemacht, sondern nach einem abzusprechenden Zufallsprinzip vorgegangen.

3.3

Die Torkontrolleure sind regelmäßig zu wechseln.

3.4

Wenn die örtlichen Gegebenheiten es zulassen, ist ein akustischer oder optischer Zufallsgenerator aufzustellen. Wenn dies nicht möglich ist, sollten andere Torkontrollen auf Basis von Zufallskontrollen durchgeführt werden.

3.5

Kontrolliert werden private PKW und Dienstfahrzeuge sowie Taschen und sonstige Gepäcksstücke.

3.6

Kontrolliert werden LKW, wobei Ladungen mit den Begleitpapieren verglichen werden.

3.7

Die Durchführung der Torkontrollen ist zu dokumentieren.

4. Lagerung der diebstahlgefährdeten Artikel

4.1

Vom Lagerleiter und vom Geschäftsführer sind in jedem Betrieb die diebstahlgefährdeten Artikel als solche festzustellen.

4.2

Für diese „kritischen Artikel" muss eine sorgfältigere, sichere und separate Lagerung vorgesehen werden, als dies für die gewöhnlichen Handels- und Fertigprodukte der Fall ist.

4.3

Für die „kritischen Artikel" sind zusätzlich zu den gewöhnlichen EDV-gestützten Organisationsmitteln der Bestandsführung händische Lagerfachkarten zu führen, die für jede Bewegung einen Beleghinweis ausweisen und im Regal bei den Artikeln liegen müssen. Bei Entnahmen wird der Ausgang sofort auf dieser Lagerfachkarte eingetragen. Bevor die EDV-Bestandsführung den Ausgang verbucht, kann jederzeit der Ist- mit dem Sollbestand aktuell verglichen werden.

4.4

Kritische Artikel sind permanent und kurzfristig zu investieren. Alle Soll-Ist-Differenzen müssen analysiert und dem Geschäftsführer vorgelegt werden.

4.5

Obsolete Artikel sind nicht nur separat zu lagern, sondern es muss für sie auch eine Bestandsevidenz geführt werden.

5. Permanente Inventur

5.1

Zusätzlich zur jährlichen Stichtagsinventur müssen mindestens einmal jährlich alle Lagerbestände permanent inventarisieren werden.

5.2

Die Ursache aller Bestandsdifferenzen ist aufzuklären, zu dokumentieren und der Geschäftsleitung vorzulegen.

5.3

Eine Bestands- oder mindestens eine Evidenzführung muss auch für Handelswaren und Fertigprodukte, die sich in Schaukästen und Musterzimmern befinden, gewährleistet sein.

5.4

Die Geschäftsführer müssen dafür Sorge tragen, dass die permanente Inventur auch tatsächlich durchgeführt wird. Die permanente Kontrolle der Inventur soll stichprobenweise durch Mitarbeiter, die nicht zum Lagerpersonal gehören, vorgenommen werden.

6. Verrechnung – Fakturierung – Wareneingang

6.1

Es muss eine personelle Trennung der Bestandsführung von der Ein- und Ausgabe von Lagerwaren vorgesehen sein.

6.2

Für Material und Handelswarenentnahmen dürfen ausschließlich streng verrechenbare Organisationsmittel verwendet werden. Auch Lieferscheine müssen vornummeriert sein.

6.3

Ein Warenausgang im Barverkauf kann erst nach erfolgtem Inkasso durchgeführt werden (Registrierkassendruck am Beleg).

6.4

Für Reparaturen und Stornos sind entsprechende verrechenbare Belege zu verwenden, die nur nach Abzeichnung durch den Lagerleiter verbucht werden können.

6.5

Kontrolle des Wareneingangs

6.6

Wenn die Bestandsführung im Lager gemacht wird, sollte der Mitarbeiter des Wareneingangs nicht gleichzeitig mit der Bestandsführung betraut sein. Weiterhin muss gewährleistet sein, dass durch den Wareneingang die spätere Eingangsfaktura mit den Begleitpapieren der Warenlieferung verglichen wird.

6.7

Von Lieferanten gewährte Naturalrabatte sind in der Bestandsführung zu erfassen.

7. Personal

7.1

Bei der Aufnahme von Lagerpersonal ist eine Auskunft eines oder mehrerer vorheriger Dienstgeber einzuholen. Unter Umständen empfiehlt sich auch die Einholung eines Strafregisterauszugs.

7.2

Der Lagerleiter hat auch während der Betriebszeit durch eine Beaufsichtigung des Personals die Lagersicherheit zu gewährleisten.

8. Verschrottung von Handelswaren und Ersatzteilen

Die Verschrottung von unverkäuflichen Handelswaren und Ersatzteilen ist im Voraus der Geschäftsleitung zu melden.

9. Maßnahmen im Falle von dolosen Handlungen

Bei Vermögensdelikten oder geschäftsschädigenden Handlungen durch eigene Mitarbeiter oder betriebsfremde Personen (Diebstahl, Einbruch, Unterschlagung, Betrug, Beleg- und Urkundenfälschung) ist die Geschäftsleitung sofort zu verständigen. Es ist nicht vorgesehen, dass die Aufklärung bzw. Behandlung solcher Vorkommnisse in den jeweiligen Lagern allein zu erfolgen hat. Auf jeden Fall steht bei solchen Vorkommnissen die Schadenswiedergutmachung im Vordergrund. Die Entscheidung über eine polizeiliche Anzeige liegt beim Geschäftsführer.

20.4 Organisationsanweisung Einkauf

1. Zielsetzung

Aufgabe des Einkaufs ist es, benötigte Wirtschaftsgüter und Dienstleistungen
- in der erforderlichen Qualität
- in der richtigen Menge
- zur rechten Zeit
- zu optimalen Einkaufspreisen und Bedingungen
- unter Bedacht eines wirtschaftlich vertretbaren Aufwands

zu beschaffen und bereitzustellen.

Für die Beschaffung ist alleine der Einkauf zuständig. Systematische Einkaufsplanung und eine ständige Marktbeobachtung und -analyse bilden die Basis für einen bedarfsgerechten Einkauf.

2. Organisationsmittel

Ein aktuelles Einkaufssystem (Lieferanten-/Artikel-/und Bestelldatei) gibt Auskunft über

- Bezugsquellen
- Lieferprogramm/Lieferfristen
- Konditionen
- Preisentwicklung
- Gegengeschäftsvereinbarung
- erteilte Bestellungen in den letzten drei Jahren
- Qualitätsbeurteilung.

3. Bedarfsmeldung

Die hierfür vorgesehenen vornummerierten Formblätter sind vom Bedarfsträger auszustellen.

Genehmigungsverfahren

Für Investitionen ab einer Wertgrenze von € 5.000,– ist eine Investitionsrechnung vom Bedarfsträger anzustellen, die Auskunft über die zu erwartende Kostenersparnis, Rentabilität und Amortisationsdauer gibt.

- Für die Bedarfsmeldung von Rohstoffen gibt es keine Wertgrenzen. Für die Bedarfsmeldung von Investitionsgütern ab einer Wertgrenze von € 10.000,– ist eine Genehmigung von der Geschäftsleitung einzuholen.
- Keine Wertgrenzen für die Rohstoffbedarfsmeldung durch den Leiter des Labors.
- Aufgrund des Bestellvorschlags des Einkaufs durch die Verkaufsleitung ohne Wertgrenze.
- Güter des zentralen Einkaufs: Bedarfsmeldungen der Schwesternwerke müssen schriftlich, per Telefax oder E-Mail erfolgen.

Der Einkauf prüft alle Bedarfsmeldungen

- ob das Genehmigungsverfahren eingehalten wurde,
- ob die sachliche Richtigkeit für die Bestellung gegeben ist (der Einkauf muss zumindest den Verwendungszweck der zu beschaffenden Güter kennen),
- ob bei der Bestellung dieser Ware / Dienstleistung eine Abstimmung mit dem Zentraleinkauf notwendig ist.

Wertanalyse

Der Einkauf macht bzw. veranlasst gegebenenfalls eine Wertanalyse (niedrigste notwendige Qualität und Funktion für das zu beschaffende Gut im Hinblick auf den optimalen Einkaufspreis).

Mindestbestände

Für die Überwachung der Mindestbestände und rechtzeitige Bestellung sind die Bedarfsträger selbst verantwortlich. Der Mindestbestand ergibt sich aus der Formel

$$\frac{\text{Verbrauch i.d. Periode x Beschaffungsdauer}}{\text{Zahl d. Arbeitstage i.d. Periode}}$$

Der Bestellzeitpunkt ist immer dann gegeben, wenn der Mindestbestand + Bedarf während der Beschaffungszeit gegeben ist. Die Beschaffungszeiten sind von den Bedarfsträgern im Einkauf zu erfragen. Bei Veränderung von Beschaffungszeiten ist der Einkauf für die Weiterleitung an die Bedarfsträger verantwortlich.

Auch bei „just in time"-Lieferungen kann auf Mindestbestände nicht verzichtet werden. Für die Werkstätten und den Versand wird als Mindestbestand an Ersatzteilen, Betriebsmitteln und Verpackungsmaterial eine Liste durch den Einkauf zur Verfügung gestellt.

1. Angebotseinholung

Allgemeines

Grundsätzlich sind vor jeder Bestellung Angebote einzuholen. Nur in begründeten und von der Geschäftsleitung genehmigten Ausnahmen kann auf das Einholen von Konkurrenzangeboten verzichtet werden.

Beispiele:
Dringender Bedarf, Gefahr im Verzug, Beschaffung von preisgebundenen Waren, Waren mit Katalogpreisen, Bagatelleinkauf unter € 400,–.

Angebote haben bei wiederholten Bestellungen eine begrenzte Gültigkeit, die vom Einkauf zu überwachen ist. Hierfür ist eine systematische und regelmäßige Einkaufsmarktforschung durch den Einkauf Voraussetzung.

Einholung von Angeboten

- Übersteigt der Wert von anzuschaffenden Waren oder Dienstleistungen € 800,– sind durch den Einkauf von mindestens zwei Lieferanten Kostenvoranschläge einzuholen. Bei Wiederholungs- bzw. Nachbestellungen ab einer kumulierten Wertgrenze von € 4.000,– sind ebenfalls mindestens zwei Angebote einzuholen. Übersteigt der Wert von anzufordernden Waren oder Dienstleistungen € 4.000,– sind alle in Frage kommenden Lieferanten, zumindest jedoch die drei geeignetsten, zur Angebotserstellung einzuladen.
- Bei Leasing/Miete von Waren/Dienstleistungen ist der Gesamtbetrag (Mietpreis + Wartung etc.) als Kriterium zur Angebotseinholung heranzuziehen.
- Angebote, die zur wiederholten Bestellung führen, verlieren spätestens nach einem Jahr ihre Gültigkeit. Nach dieser Zeit sind vom Einkauf neue Angebote einzuholen. Bei dieser neuen Angebotseinholung sind außer bei den bisher bekannten Lieferanten auch bei neuen, geeigneten Bezugsquellen Offerten einzuholen. Wenn dem Einkäufer Preissenkungen bekannt werden, sollten sofort neue Angebote eingeholt werden.
- Für die Auftragserteilung müssen nachvollziehbare Entscheidungsgrundlagen vorhanden sein. Der Einkauf dokumentiert auf das vorgesehene Angebotsvergleichsformular die Entscheidungskriterien der eingeholten Angebote.

2. Die Bestellung

Die Bestellung erfolgt über die EDV-Anlage, die für jede Bestellung eine fortlaufende Nummer vergibt.

Wenn aus besonderen Gründen vorab eine mündliche/telefonische Bestellung aufgegeben wurde, ist diese nachträglich mittels EDV-Bestellung zu bestätigen. Falls aus organisatorischen Gründen Bestellungen ohne Verwendung der EDV ausgestellt werden, müssen laufende Bestellnummern vergeben werden. Auch Bestellungen für andere Betriebe der Gruppe, die der zentrale Einkauf durchführt, sind über das EDV-System abzuwickeln.

Für nachträgliche Ergänzungen und Änderungen ist ebenfalls die Schriftform zu wählen.

Nur wenn alle Bestellungen über das EDV-System abgewickelt werden, kann das Bestellbuch vollständig geführt werden.

Die Artikelstammdaten sind zu warten und um neue Artikel laufend zu ergänzen. Jeder Artikel muss eine Artikelnummer erhalten.

Eine laufende Wartung bei neuen Lieferanten und Veränderungen bei bestehenden Lieferanten muss gewährleistet sein.

Jeder neue Lieferant sowie Veränderungen von Stammdaten bestehender Lieferanten sind laufend aufzunehmen.

Einkaufsstatistiken sind nur dann aussagefähig und als Entscheidungshilfe brauchbar, wenn im Sinne dieser Dienstanweisung vorgegangen wird.

- Einkaufswerte je Lieferant in der Periode und kumuliert (*year to date*)
- Artikelverzeichnis mit Lieferantenauswahl
- Lieferantenverzeichnis mit Artikelzuordnung.

3. Bestellüberwachung

Bei bestimmten Lieferanten oder Bestellungen wird es zweckmäßig sein, vom Lieferanten Auftragsbestätigungen zu verlangen. Wenn dem Lieferanten z.B. Geräte, Vorrichtungen, Modelle zur Verfügung gestellt wurden, sind diese im Einkauf registriert. Die Überwachung der termingerechten Lieferung ist zu systematisieren.

4. Wareneingang

Die Kontrolle der gelieferten Waren/Dienstleistungen (Warenübernahme) obliegt der jeweiligen Wareneingangsstelle. Ist diese in Einzelfällen dazu nicht in der Lage, hat sie unverzüglich den anfordernden Bereich einzuschalten.

Die zur Ware gehörenden Lieferscheine haben generell über die jeweilige Wareneingangsstelle zu laufen. Der Wareneingang bestätigt die Warenübernahme auf den Lieferscheinen und gibt diese an den Einkauf weiter. Bis zum Eintreffen der Faktura hält der Einkauf den Lieferschein in Evidenz. Zum Monatsende (oder zu einem anderen vom Rechnungswesen festgesetzten Zeitpunkt) hat der Einkauf auf ein hierfür vorgesehenes Berichtsformular die bis zu diesem Zeitpunkt angelieferten Einkaufsgüter, für welche die Eingangsrechnungen noch nicht vorliegen, an das Rechnungswesen zu melden.

Die Organisationsmittel des Wareneingangs (Wiegekarten, Unterlagen für Qualitätskontrollen, etc.) sind zwei Jahre aufzubewahren.

Beanstandungen, wie z.B. Transportschäden, sind über den Einkauf dem Lieferanten oder Frachtführer unverzüglich zu melden. Hierfür ist das Formular „Reklamation Wareneingang" zu verwenden. Der Einkauf erstellt sodann unverzüglich über die EDV-Anlage eine Belastungsanzeige an den Lieferanten.

5. Rechnungskontrolle

Für die materielle Rechnungskontrolle ist der Einkauf, für die rechnerische und formelle Richtigkeit der Eingangsfakturen die Buchhaltung verantwortlich.

Materielle Rechnungsprüfung

- Die fakturierten Waren und Dienstleistungen werden mit den Angaben auf Lieferscheinen bzw. Arbeitsnachweisen ebenso hinsichtlich der Einheitspreise und Zahlungsbedingungen mit den Bestellscheinen und Auftragsbestätigungen verglichen.
- Der Einkauf übermittelt bei Unklarheiten oder bei Bedarf (z.B. Kontierung auf Fertigungsstellen etc.) der zuständigen Betriebsstätte das Rechnungsoriginal zur Kontrolle. Die Faktura ist hinsichtlich der offenen Fragen zu ergänzen und abgezeichnet – innerhalb eines Tages – an den Einkauf zu retournieren.
- Die abgezeichnete Eingangsrechnung ist vom Einkauf auf schnellstmögliche Weise der Buchhaltung weiterzuleiten, damit die Zahlungsbedingungen optimal genutzt werden können.

Formell/rechnerische Rechnungsprüfung

Jede Eingangsrechnung muss den Formvorschriften des Umsatzsteuergesetzes entsprechen und den richtigen Firmenwortlaut aufweisen. Notwendige Korrekturen sind sofort zu veranlassen. Die rechnerische Kontrolle ist bei EDV erstellten Fakturen stichprobenweise, bei manuell erstellten vollständig durchzuführen.

9. Geschäftsreisen, Einladungen, Geschenkannahme

Geschäftsreisen

Inlandsreisen sind vom Leiter der Einkaufsabteilung zu genehmigen, Auslandsreisen zusätzlich der Geschäftsleitung zu melden.

Einladungen

Aus dem geschäftlichen Kontakt sich ergebende Einladungen zu Geschäftsessen können im angemessenen Rahmen ohne besondere Genehmigung durch den Einkaufsleiter akzeptiert werden. Einladungen für kostenlose Wochenendaufenthalte oder Urlaub auf Kosten von Lieferanten sind abzulehnen.

Geschenkannahme

Geschenkartikel, die ein Lieferant in größeren Stückzahlen an Kunden verteilt (bis zu einem ungefähren Wert von € 80,–) sind angemessene Werbegeschenke. Es muss an der Selbsteinschätzung des Mitarbeiters liegen, ob durch ein Geschenk Objektivitätsverlust entsteht bzw. ob die Grenze des Angemessenen überschritten wird.

Annahme von Geld oder vergleichbaren Werten (Schmuck, Theaterkarten) sind selbstverständlich verboten.

20.5 Organisationsanweisung Rechungswesen

1. Zielsetzung

Das Rechnungswesen soll die Grundlage zu unternehmerischen Entscheidungen liefern. Es soll die erforderlichen Berichte und Informationen rechtzeitig, richtig und klar der Unternehmensleitung oder sonstigen Stellen zur Verfügung stellen.

Es soll den gesetzlichen Anforderungen entsprechen und die Grundlage für die Besteuerung der Umsätze, Erträge und Vermögen darstellen.

Es soll nach dem Prinzip des internen Kontrollsystems

- Ordnungsmäßigkeit,
- Richtigkeit und
- Wirtschaftlichkeit

aufgebaut und geführt sein.

Es soll durch laufende Überwachung und Reorganisation der Geschäftsabläufe die Funktionsfähigkeit des internen Kontrollsystems unterstützen.

2. Allgemeine Anforderungen

- Es darf keine Buchung ohne Belegerstattung erfolgen.
- Die Belege und die eigenen Belegvermerke sind mit datensicheren Schreibgeräten zu erstellen (keine Verwendung von Bleistiften).

Alle Buchungsunterlagen müssen gut leserlich sein und sind vor Verschmutzung zu schützen. Radierungen oder Unkenntlichmachung ursprünglicher Eintragungen (z.B. Korrekturflüssigkeit) sind nicht statthaft. Die Anfertigung von Fotokopien und Abschriften sind auf solchen Ersatzbelegen zu begründen.

- Für die Erstellung von Eigenbelegen (Um- und Nachbuchungen, Stornos), die zu erfolgswirksamen Buchungen führen, ist die Gegenzeichnung des Buchhaltungsleiters einzuholen.
- Es darf keine Belegverarbeitung ohne Prüfung der formellen und materiellen Prüfung erfolgen. Aus diesem Grund muss ein Unterschrifts- und Diktatzeichenverzeichnis aufgelegt werden, damit auch Dritte die Richtigkeit und Berechtigung der Abzeichnung feststellen können.
- Die Belegverarbeitung hat chronologisch zu erfolgen.
- Es sind die vorgesehenen Formulare und vorgedruckten Belege zu verwenden.
- Für die Vollständigkeit der Belegdokumentation ist die Buchhaltung verantwortlich. Durch geeignete Maßnahmen sollten unberechtigte Belegentnahmen nach der Verbuchung vermieden werden.

3. Eingangsfakturen

Die Poststellen versehen alle eingehenden Fakturen mit der so genannten „Rechnungsfahne", die den Belegfluss und die Rechnungsprüfung vorgibt und sicherstellt.

Auf der Rechnungsfahne

- vermerkt die Poststelle das Eingangsdatum der Rechnung
- bestätigt der Wareneingang die Mengen- und Qualitätsprüfung
- bestätigt der Einkauf die materielle Richtigkeit der verrechneten Lieferungen und Leistungen
- trägt der Einkauf bei Mängelrügen Nummer und Daten der Belastungsanzeige an den Lieferanten ein
- trägt der Einkauf den Skontosatz ein und beschleunigt die Weiterleitung solcher Rechnungen an die Buchhaltung bestätigt die Buchhaltung die rechnerische Prüfung und
- vermerkt das Zahlungsdatum, Zahlungsart mittels Zahlungsstempel und kontiert für die Finanzbuchhaltung.

Wenn auf der Eingangsfaktura genügend Platz ist, kann auch ein Eingangsrechnungsstempel verwendet werden, der obige Angaben enthalten muss.

Für eine periodengerechte Erfassung der erhaltenen Lieferungen und Leistungen zum Monatsletzten sind folgende Maßnahmen notwenig: Alle Stellen im Unternehmen haben laufend alle Lieferscheine an den Einkauf abzuliefern, damit dieser in der Lage ist der Buchhaltung für die Monatsbilanz eine vollständige Aufstellung der noch nicht vorliegenden Eingangsrechnungen für erhaltene Lieferungen und Leistungen zu geben. Am Monatsletzten sollten keine unerledigten Lieferscheine oder Eingangsrechnungen außerhalb der Einkaufsabteilung liegen bleiben. Mängelrügen und Lieferantenbelastungen sollten noch vorher abgewickelt werden. Kann diese Regel nicht eingehalten werden, muss der Einkauf hierüber zum Monatsletzten benachrichtigt werden.

4. Belastung der Lieferanten bei Mängelrügen

In den Wareneingangsstellen liegen vornummerierte Reklamationsscheine, die sofort ausgefüllt an den Einkauf zu übergeben sind, der seinerseits unverzüglich den Lieferanten über EDV eine vornummerierte Belastungsanzeige sendet. Eine Ausbesserung der Lieferantenrechnungen ist aus umsatzsteuerrechtlichen Gründen nicht möglich.

5. Ausgangsrechnungen und Gutschriften an Kunden

Die von der Versandabteilung erstellten Fakturen sind täglich in die Debitorenbuchhaltung zu überspielen.

Gutschriften

Bei Überweisung eines verkürzten Rechnungsbetrags durch einen Kunden, erstellt die Debitorenbuchhaltung das vornummerierte Formular „Meldung Zahlungsdifferenz", das sofort an den Verkauf zu versenden ist.

Der Verkauf veranlasst eine umgehende Prüfung der Kundenreklamation und entwirft, auf der in diesem Formular vorgesehenen Rubriken die Gutschriftsanzeige an den Kunden bzw. die Mitteilung an die Buchhaltung über die vorgesehenen Maßnahmen in dem betreffenden Reklamationsfall.

Die Buchhaltung überwacht auf Grund der unerledigten „Zahlungsdifferenzmeldungen" die Erledigungen der Kundenreklamationen und meldet im monatlichen Management-Bericht alle offenen „Zahlungsdifferenzmeldungen" die länger als zwei Monate unerledigt sind.

Alle Gutschriften an Kunden müssen die Unterschriften von zwei Prokuristen tragen, wovon einer dem „Verursacher" der Reklamation vorstehen muss.

Um-, Nach- und Stornobuchungsbelege

Diese sind als eigener Buchungskreis zu betrachten. Deshalb sind sie

- mit einer laufenden Nummer zu versehen
- wenn sie erfolgswirksam sind, vom Buchhaltungsleiter gegenzuzeichnen
- ausreichend für einen sachverständigen Dritten mit einem begründeten Text zu versehen
- numerisch zwecks Vollständigkeitskontrolle abzulegen.

6. Dateneingabe

Kein Unbefugter soll Daten und Belege während der Erfassung, Verarbeitung und aus der Ablage abfragen, verändern, löschen oder kopieren können.

Der berechtigte Personenkreis hat für die Benutzungsberechtigung an den Terminals ein Passwort zu verwenden, das spätestens halbjährlich zu wechseln ist.

Bei bekannt werden des Passworts bei Unbefugten ist der Wechsel sofort vorzunehmen.

Bei unabsichtlich falscher Verwendung von Buchungssymbolen sind diese händisch zu korrigieren, damit die Belegauffindung nicht erschwert wird.

Programmierte Sammelbuchungen dürfen nicht zum Nachteil der Transparenz führen.

Alle Veränderungen von Stamm- und Bewegungsdaten sind zu protokollieren, ebenso wer, welche Programme wann gestartet hat.

7. Mahnwesen

Frequenz

Der Versand von Mahnungen ist 14-tägig durchzuführen. Auf jeden Fall ist jede ausstehende Forderung zweimal monatlich zu bearbeiten. Insgesamt sind drei Mahnungen vorzusehen, wobei anlässlich der dritten Mahnung auch mündlich nachgefasst wird. Der Verkauf ist spätestens bei der dritten Mahnung zu informieren.

Nach der dritten Mahnung sind geeignete Rechtsschritte einzuleiten. Forderungen aus Exportgeschäften sind zu versichern und bei Insolvenz des Kunden bei der Kreditversicherung geltend zu machen. Es ist sicherzustellen, dass keine Mahnung vom System oder von Personen ungerechtfertigt unterdrückt werden kann. Über das Nichtabsenden von Mahnungen entscheidet nach Rücksprache mit dem Verkauf der Buchhaltungsleiter.

Debitorenkontenpflege

Die Saldenüberwachung ist durch Kreditlimits, Liefersperren und Nachnahmelieferungen sicherzustellen. Alle Debitorenkonten müssen die jeweils offenen Posten und Mahnstufen klar ausweisen.

Verzugszinsen und Mahnspesen sind bei Übergabe des Mahnfalles an die Rechtshilfe vom Tag der Fälligkeit der Forderung dem Kunden anzulasten.

8. Kasse

Für die Anforderungen, die an Kassenbelege gestellt werden müssen, gilt das unten Beschriebene. Für Belege anlässlich Bewirtungen von Kunden sind die steuer-rechtlichen Vorschriften zu beachten.

Die Kassenkräfte sind über

- die tägliche Eintragung der Belege
- den täglichen Kassensturz
- den eisernen Bestand und
- die zeitgerechte und sichere Geldabfuhr an die Bank
- die ausreichende Versicherung des Kassenbestands
- die Aufbewahrung des Reserveschlüssels und
- sonstige Bestimmungen der Kassenordnung zu informieren.

Die Kassenberichte sind monatlich vom Filialleiter zu prüfen und zu unterschreiben.

9. Bankverkehr

Bankvollmacht

Diese sind nach dem Vier-Augen-Prinzip zu regeln. Alle Überweisungen sind vom Leiter des Rechnungswesens und einem bevollmächtigten und zuständigen Prokuristen zu unterschreiben.

Für das Telebanking sind die hierfür gemachten Vorschriften einzuhalten. Diese Vorschriften sind nur den Telebanking-Bevollmächtigten bekannt und nicht zu veröffentlichen.

Lieferantenzahlungen

Nach Absprache mit den Lieferanten werden diese zweimal monatlich durchgeführt. Grundsätzlich ist ein Skonto abzuziehen. Ausnahmen hiervon bestimmt die Leitung der Einkaufsabteilung.

Für eingehende Schecks sind die Bankeinreichungen noch am selben Tag durchzuführen. Eingehende Barschecks sind von der Poststelle in Verrechnungsschecks umzuwandeln.

10. Stellenbeschreibungen

Für den Leiter des Rechnungswesens sowie dessen Stellvertreter sind Stellenbeschreibungen zu erstellen und à jour zu halten. Diese Stellenbeschreibungen sollten den Aufgabenbereich im Einzelnen festhalten.

20.6 Zielsetzungs- und Aufgabenbeschreibung für einen Leiter des Rechnungswesens (Stellenbeschreibung)

1. Ziel der Stelle

- Für die Ordnungsmäßigkeit des Rechnungswesens und die Einhaltung diesbezüglicher gesetzlicher und innerbetrieblicher Vorschriften sorgen.
- Ermittlung von Grundlagen zur Unterstützung/Erleichterung unternehmerischer Entscheidungen der Geschäftsführung.
- Laufende Überwachung oder Reorganisation von Abläufen, Aktualisierung von Kontrollsystemen zur Gewährleistung einer klaglosen, rationellen Abwicklung.
- Rechtzeitige, exakte Bereitstellung der erforderlichen Berichte, Informationen für seinen Vorgesetzten und die Zentralstellen.

2. Aufgabenbereich im Einzelnen

Finanzbuchhaltung

Er organisiert und überwacht den innerbetrieblichen Belegfluss sowie andere administrative Abläufe, entsprechend gesetzlicher Vorschriften und Organisationsrichtlinien (Einreichtermine der Buchhaltung, Ablage, etc.).

Er überwacht die Vorkontierung (Richtigkeit, Termine), kontiert in Sonderfällen selbst und veranlasst Umbuchungen.

Er veranlasst die Bezahlung von Eingangsrechnungen (Skontoausnutzung).

Er überwacht die ordnungsgemäße und rechtzeitige Rechnungslegung und Ausstellung von Gutschriften/Belastungen.

Er ist für das Mahnwesen verantwortlich

- laufende Überwachung der Kreditlimits
- Überprüfung der Mahnschreiben
- Einschaltung des Rechtsanwalts bei Säumigkeit von Kunden (Absprache Geschäftsführer).

Er überwacht die Kontenabstimmung bzw. stimmt fallweise Konten selbst ab und informiert seinen Vorgesetzten über Differenzen.

Er überwacht die Kassenführung und führt Kontrollen durch.

Er ist für die Berechnung, Verbuchung und Abfuhr bzw. Verrechnung von Steuern verantwortlich (z.B. Umsatzsteuervoranmeldung, Verprobung, Lohnsteuer, Kommunalsteuer, etc.).

Er hält permanent Kontakt zum Steuerberater und stimmt wesentliche Vorgänge/Termine mit ihm ab.

Er hält Kontakt zu den Hausbanken und verhandelt, in Abstimmung mit seinem Vorgesetzten, bezüglich Konditionen.

Er überwacht die Lohnbuchhaltung

- Berechnung und Auszahlung bzw. Anweisung der Löhne und Gehälter
- Ermittlung und Anweisung der damit zusammenhängenden Steuern/Abgaben.

Er sorgt für die ordnungsgemäße buchhalterische Betreuung der Anlagen (Verbuchung, Ausbuchung, Inventarlisten/Nummern).

Er bereitet den Jahresabschluss vor

- Abschlussbuchungen
- formale Erstellung der Inventur
- Bewertung der Inventur, Information des Vorgesetzten über Differenzen.

Controlling

Er erstellt – gemeinsam mit den Leitern der Profit Center – das jährliche Kosten- und Ertragsbudget, den Investitionsplan und den Personalplan.

Er überprüft monatlich die Budgetvergleiche und bespricht Abweichungen mit den Leitern der Profit Center und mit dem Geschäftsführer. Er veranlasst eventuelle Korrekturen oder schlägt Maßnahmen vor.

Finanzplanung

- Erstellung des Planes
- Durchführung des Soll-Ist-Vergleichs.

Reporting

- Er ist verantwortlich für die Erstellung des gesamten Reporting an die Zentralstellen
- Kurzfristige Erfolgsermittlung (KER)
- Liquiditäts-Status
- Erarbeitung anderer Kennziffern (Cashflow, Umsatzverteilung, Marktanteile, Erlösentwicklung, Umschlagshäufigkeit)
- Personalstatistik
- Er ermittelt das jährliche betriebsnotwendige Umlaufvermögen und verfolgt die Entwicklung bzw. veranlasst eventuelle Korrekturen.
- Er ist für die termingerechte Einhaltung des Berichtswesens für die zuständigen Stellen verantwortlich.

20.7 Organisationsanweisung: Handlungsvollmachten und Unterschriftsberechtigungen

1. Handlungsvollmachten

1.1. Gesetzliche Grundlagen

Gemäß dem Handelsgesetzbuch „erstreckt sich die Handlungsvollmacht auf alle Geschäfte und Rechtshandlungen, die der Betrieb eines derartigen Handelsgewerbes oder die Vornahme derartiger Geschäfte gewöhnlich mit sich bringt".

2.2

Die jeweilige Handlungsvollmacht gilt als Artvollmacht, d.h. sie beschränkt sich auf die Stellen, die dem Bevollmächtigten unterstehen, bzw. auf die Geschäfte, die in diesem Rahmen gewöhnlich vorkommen.

1.3

Verpflichtungen dürfen nur soweit eingegangen werden, als sie mit der Geschäftsleitung global abgesprochen wurden.

1.4

Die Handlungsbevollmächtigten zeichnen „i.V.".

2. Zeichnungsbefugnis

2.1

Die Befugnis zur Zeichnung „im Auftrag = i.A." gilt nicht als Handlungsvollmacht und erstreckt sich ausschließlich auf das Sachgebiet des Mitarbeiters bzw. auf die Stellen, die dem Zeichnungsberechtigten.

2.2

Hauptzweck dieser Befugnis ist die Erleichterung des Schriftverkehrs der Routinepost.

2.3

Die Zeichnungsberechtigung „i.A." gilt grundsätzlich nicht für Verträge und solche Schreiben, aus denen die Firma rechtlich verpflichtet wird.

3. Allgemeines

3.1

In verantwortlicher Umsicht haben alle Bevollmächtigten die Korrespondenz, zu deren Unterfertigung sie sich nicht völlig berufen fühlen und die von besonderer Tragweite ist, dem jeweiligen Vorgesetzten zur Zweitunterschrift vorzulegen.

3.2

Außer den erwähnten Einschränkungen können sich die jeweiligen Vorgesetzten weitere Sonderregelungen bezüglich Vertretung und Gegenzeichnung bestimmter Agenden vorbehalten. Die Organisationsanweisung ist um diese getroffenen Sonderregelungen zu ergänzen.

3.3

Die Unterschriftsformel „Nach Diktat verreist" sollte vermieden werden. Die jeweilige Korrespondenz ist dem nächsten Vorgesetzten oder einem anderen Unterschriftsbefugten des gleichen Bereichs vorzulegen.

4. Verzeichnis der Unterschriftsvollmachten

4.1

Werk Regensburg (Anlage A)
- für Bedarfsmeldungen an den Einkauf
- für Einkauf/Bestellungen
- für Gutschriften an Kunden
- für Belastungen an Lieferanten
- für Wareneingang und Übernahme

4.2

Unterschrifts- und Diktatzeichenverzeichnis (Anlage B)
– zur besseren Identifikation der Unterschriften.

Anlage B

Unterschrifts- und Diktatzeichenverzeichnis

Name	Unterschrift	Diktatzeichen
1. Dir.		
2. Prok.		
3. Prok.		
4. Prok.		
5. Prok.		
6. Hr.		
7. Fr.		
8. Hr.		
9. Mag.		
10. Fr.		

Anlage A

Verzeichnis der Unterschriftsvollmachten für Werk Regensburg

Bereich	für Bedarfsmeldungen	für Einkauf und Bestellung	für Kundengutschriften		Lieferanten-belastungen
			1. Unterschrift	2. Unterschrift	

20.8 Vorschlag für eine Reiseordnung

1. Begriff der Dienstreise

Eine „Dienstreise" liegt dann vor, wenn der Angestellte seinen Dienstort vorübergehend verlässt, um in einem oder mehreren anderen Orten Aufträge seines Dienstgebers auszuführen.

Als „Dienstort" im Sinne dieser Bestimmung gilt das Gemeindegebiet jenes Ortes, in dem die ständige Arbeitsstätte des Angestellten liegt.

Für Mitarbeiter im Außendienst gibt es kraft ihrer Funktion keinen „Dienstort". Mangels eines solchen gilt daher der Wohnort als Ausgangspunkt und Kriterium bzw. als Quasi-Dienstort, außer die Dienstreise wird vom vereinbarten Dienstort aus angetreten.

2. Bemessung der Dienstreisedauer

Die Dienstreise beginnt, wenn sie von der Arbeitsstätte aus angetreten wird, mit dem Verlassen der Wohnung. Das gleiche gilt sinngemäß für die Beendigung der Dienstreise. Neben dem Datum des Antritts bzw. des Endes der Dienstreise ist auch die Angabe der genauen Uhrzeit erforderlich.

Beispiel: Beginn der Dienstreise am 07.01.2009 um 9 Uhr
Ende der Dienstreise am 09.01.2009 um 16 Uhr

3. Verrechnung der Tagespauschale

3.1 Inlandsdienstreisen

Die Tagespauschale beträgt unabhängig vom Einkommen € ...,–. Fällt eine Übernachtung in die Dienstreise, beträgt die Tagespauschale € ...,–.

Übernachtungskosten einschließlich Frühstück werden nach Beleg erstattet. Kann kein Beleg beigebracht werden, beträgt die Übernachtungspauschale einschließlich Frühstück € ...,– pro Nacht.

Für den Tag des Antritts einer Dienstreise mit Übernachtung werden € ...,– Tagespauschale veranschlagt. Für den Tag der Beendigung einer mehrtägigen Dienstreise sowie bei Dienstreisen, die keinen vollen Kalendertag beanspruchen, beträgt die Tagespauschale Bruchteile des vorgesehenen Satzes nach Maßgabe der Dienstreisedauer an dem betreffenden Kalendertag, und zwar bei einer Abwesenheit von

mehr als 3 bis 6 Stunden .... $^1/_4$ der Tagespauschale
mehr als 6 bis 9 Stunden .... $^1/_2$ der Tagespauschale
mehr als 9 bis 12 Stunden .... $^3/_4$ der Tagespauschale
mehr als 12 Stunden .... volle Tagespauschale.

3.2 Auslandsdienstreisen

Die Höhe der Tages- und Übernachtungspauschalen für Auslandsdienstreisen können im Einkauf erfragt werden.

Bei Übernachtung werden die tatsächlichen Kosten nach Beleg erstattet. Kann kein Beleg beigebracht werden, gilt die Übernachtungspauschale des betreffenden Landes.

Für den Tag der Beendigung einer mehrtägigen Dienstreise sowie bei Dienstreisen, die keinen vollen Tag beanspruchen, beträgt die Tagespauschale Bruchteile des vorgesehenen Gebührensatzes. Bei Auslandsdienstreisen ist jedoch nicht der Kalendertag für die anteilsmäßige Berechnung heranzuziehen, sondern der Reisetag, der ab Antritt der Dienstreise mit 24 Stunden zu berechnen ist.

Es gebührt bei Auslandsdienstreisen bei einer Abwesenheit von

mehr als 5 bis 8 Stunden . . . . $1/3$ der Tagespauschale
mehr als 8 bis 12 Stunden . . . . $2/3$ der Tagespauschale
mehr als 12 Stunden . . . . volle Tagespauschale

des jeweiligen Landes.

4. Einschränkung bei Verrechnung von Tagespauschalen

Wenn bei Seminaren oder sonstigen Veranstaltungen (z.B. Einladungen von Unternehmen) die Verpflegungskosten vom Veranstalter, Gastgeber oder Einladenden übernommen werden, darf keine Tagespauschale verrechnet werden. Die Kosten für Mittag- und Abendessen teilen sich im Verhältnis 50 : 50 auf.

Beispiel: Seminargebühren inklusive Mittagessen.
    Es können nur 50% von der Tagespauschale verrechnet werden.

5. Überstunden auf Dienstreisen

5.1

Angestellte, die in Ausübung ihrer Tätigkeit vorwiegend reisen, wie z.B. Vertreter, Angestellte mit ständiger oder überwiegender Reisetätigkeit (Außendienstmitarbeiter), leitende Angestellte (Abteilungsleiter, Betriebsleiter, Bereichsleiter, Hauptabteilungsleiter, Geschäftsführer) und sonstige Angestellte, die in der Gestaltung des täglichen Arbeitsablaufs ungebunden sind, bekommen bei Dienstreisen keine Überstunden ausbezahlt.

5.2

Bei Angestellten, die nicht zu dem Personenkreis laut P 5.1 gehören und angeordnete Dienstreisen mit einem öffentlichen Verkehrsmittel (z.B. Bus, Bahn, Flugzeug) unternehmen, gilt die effektive Reisezeit (die Zeit der unmittelbaren Reisebewegung in einem öffentlichen Beförderungsmittel), soweit diese außerhalb der Normalarbeitszeit liegt, nicht als Arbeitszeit. Die Höhe der Vergütung dieser Zeit soll vor Antritt einer Dienstreise vom Vorgesetzten nach Rücksprache mit der Personalabteilung festgelegt werden.

5.3

Bei Angestellten, die nicht zu dem Personenkreis laut P 5.1 gehören und angeordnete Dienstreisen mit einem Kraftfahrzeug unternehmen und dieses selbst lenken, gilt die Reisezeit außerhalb der normalen Arbeitszeit ebenfalls als Arbeitszeit.

5.4

Werden am Zielort der Dienstreise über die tägliche Normalarbeitszeit hinaus Dienstleistungen angeordnet, so werden neben der gebührenden Reiseaufwandsentschädigung die tatsächlich geleisteten Überstunden vergütet.

6. Reisekostenabrechnung

Die Reisekostenabrechnung ist nach Beendigung der Reise zu erstellen. Die abziehbare Vorsteuer ist zu errechnen.

6.1

Die der Reisekostenabrechnung beigefügten Rechnungen müssen folgende Angaben enthalten

- bei einem Gesamtbetrag über € 150,–
  - Name und Anschrift des liefernden oder leistenden Unternehmens
  - Name und Anschrift des Abnehmers der Lieferung bzw. Empfängers der Leistung
  - Menge und handelsübliche Bezeichnung des Gegenstandes bzw. der Leistung
  - Tag (bzw. Zeitraum) der Lieferung oder sonstigen Leistung
  - das Entgelt
  - den Mehrwertsteuerbetrag und Prozentsatz
- bei einem Gesamtbetrag unter € 150,–
  - Name und Anschrift des liefernden oder leistenden Unternehmens
  - Menge und handelsübliche Bezeichnung
  - Tag der Lieferung
  - Entgelt und Steuerabzug in einer Summe
  - den Steuersatz.
- Fahrausweise für die Beförderung im inländischen und ausländischen Personen- und Reisegepäckverkehr müssen folgende Angaben enthalten:
  - Name und Anschrift des Beförderers
  - Entgelt und Steuerbetrag in einer Summe
  - den Steuersatz
  - den auf das Inland entfallenden Steuersatz bei einer grenzüberschreitenden Personenbeförderung.

6.2 Sonstige Aufwendungen

Sonstige, mit der Dienstreise in Zusammenhang stehende notwendige Auslagen wie Kosten für Zu- und Abfahrt vom Bahnhof etc. werden gemäß Nachweis ersetzt.

6.3

Alle Reisekostenabrechnungen sind vom Mitarbeiter, der die Kosten verursacht hat, und dem jeweiligen Vorgesetzten (mit Handlungsvollmacht) zu unterschreiben.

Der Vorgesetzte gibt mit seiner Unterschrift sein Einverständnis für die Reise und die Kontrolle der Reisekostenabrechnung. Die Vorlage des Fahrtenbuches ist zur Überwachung des Treibstoffverbrauchs und der gefahrenen Kilometer zweckmäßig.

7. Fahrtvergütung für ein öffentliches Verkehrsmittel

7.1

Die Angestellten erhalten bei unterbrochenen Fahrten bis 250 km Entfernung die Fahrtkosten für den Zug, 2. Klasse oder den Bus, bei ununterbrochenen Fahrten über 250 km oder bei angeordneten Nachtfahrten die Fahrkosten für den Zug, 1. Klasse oder den Bus ersetzt.

7.2

Die Arbeiter erhalten einheitlich die Fahrtkosten für den Zug, 2. Klasse oder den Bus ersetzt.

7.3

Es werden nur die tatsächlich entstandenen Fahrtkosten vergütet.

20.9 Organisationsanweisung: Benutzung von firmeneigenen Kraftfahrzeugen

1. Allgemeines

Ein firmeneigenes Fahrzeug wird zur Erfüllung der Dienstobliegenheiten zur Verfügung gestellt. Nur mit Zustimmung des jeweiligen Vorgesetzten darf der Dienstwagen einem anderen Betriebsangehörigen zeitweilig überlassen werden. Der Fahrzeugbenutzer verpflichtet sich, das Dienstfahrzeug schonend zu behandeln.

2. Disposition

Die grundsätzliche Zuweisung eines Dienstwagens erfolgt durch die Geschäftsführung.

3. Fahrtenbuch

Der Fahrzeuglenker hat das Fahrtenbuch dem Vordruck entsprechend zu führen. Der Geschäftsführer prüft stichprobenweise die Ordnungsmäßigkeit der Eintragungen.

Privatfahrten und -tankungen müssen im Fahrtenbuch ebenfalls eingetragen sein, Stadtfahrten können täglich zusammengefasst werden; Dienstreisen außerhalb des Stadtbereiches sind einzeln einzutragen.

Neue Fahrtenbücher werden von der Geschäftsführung oder im Auftrag derselben dem Fahrzeughalter nur ausgehändigt, wenn gleichzeitig das ausgeschriebene Fahrtenbuch übergeben wird.

4. Wartung und Pflege

Das Fahrzeug ist stets in fahrbereitem und verkehrssicherem Zustand zu halten. Die Wartungsdienste und Reparaturen sind zeitgerecht in den vom Einkauf genannten Werkstätten durchführen zu lassen.

Werden bei der Abmeldung des Dienstwagens erhöhte Instandsetzungsaufwendungen oder Verkaufspreisbußen festgestellt, die auf mangelnde Wartung oder unsachgemäße Behandlung des Fahrzeugs zurückzuführen sind, kann sich das Unternehmen gegenüber dem Fahrzeugbenutzer schadlos halten.

5. Fahrzeugausstattung

Grundsätzlich ist die Ausstattung eines Dienstwagens bei Fahrzeugwechsel/ -zuteilung mit dem Geschäftsführer zu vereinbaren.

6. Übertretung der Verkehrsordnung

Der Fahrzeugbenutzer ist bei Übertretungen der Verkehrsordnung gegenüber der Behörde direkt haftbar.

7. Verkehrsunfälle und Beschädigungen

7.1

Der Fahrzeuglenker ist dafür verantwortlich, dass Verkehrsunfälle und Beschädigungen, gleichgültig, wer der Schuldtragende ist, unverzüglich mit einer Schadensanzeige dem Geschäftsführer gemeldet werden.

Diese Schadensmeldung ist in allen Punkten ordnungsgemäß auszufüllen und sowohl vom Fahrzeuglenker als auch seinem Vorgesetzten/Kostenstellenverantwortlichen zu unterschreiben.

7.2

Die Identität des Gegners und die Schuldfrage sind prompt zu klären, um unverzüglich Regressansprüche an die Versicherung des Kontrahenten stellen zu können.

7.3

Sollte über die Verschuldensfrage Unklarheit herrschen, ist es empfehlenswert, die Polizei zur Unfallaufnahme zu holen.

7.4

Bei mehreren selbstverschuldeten Unfällen von Mitarbeitern innerhalb kürzerer Abstände behält sich das Unternehmen ein Regressrecht gegenüber dem Fahrzeugbenutzer vor.

8. Versicherung

8.1

Außer der gesetzlich vorgeschriebenen Haftpflichtversicherung mit der Pauschalversicherungssumme von € ...,– sind sämtliche Dienstwagen im Rahmen einer Kaskoversicherung versichert.

8.2

Zusätzlich ist für alle Dienstfahrzeuge eine Insassenversicherung mit folgenden Deckungssummen abgeschlossen:

€ ...,–   für den Todesfall
€ ...,–   für bleibende Invalidität.

8.3

Die Kasko- und Insassen-Unfallversicherung tritt aber nur in Kraft, wenn das Fahrzeug von einem befugten Betriebsangehörigen gelenkt wird.

9. Tanken

9.1

Sofern die Möglichkeit besteht, sollten zum Tanken die vom Einkauf genannten Tankstellen frequentiert werden.

9.2 Modellgerechtes Tanken

Für den richtigen Betrieb der einzelnen Fahrzeuge ist es notwendig, alle Modelle mit dem Treibstoff zu betanken, der die erforderliche Oktanzahl aufweist. An allen Tankstellen liegen entsprechende Tabellen aus.

10. Privat- und Auslandsfahrten

10.1

Größere Privatfahrten (ab 100 km) sind vom Geschäftsführer zu genehmigen.

10.2

Für die private Nutzung der Dienstfahrzeuge gilt einheitlich folgende Regelung:

Bei jedem Mitarbeiter, der einen Dienstwagen fährt, erfolgt für die Privatnutzung des Fahrzeugs ein monatlicher Gehaltsabzug von € ...,–.

10.3

Es wird besonders darauf hingewiesen, dass bei Privatfahrten das Benzin grundsätzlich vom Fahrzeugbenutzer zu bezahlen ist.

11. Weitergabe des Dienstwagens

Das Dienstfahrzeug ist dem Fahrzeugbenutzer zu persönlicher Verwendung anvertraut. Nur mit Zustimmung der Geschäftsleitung darf der Dienstwagen einem anderen Betriebsangehörigen länger als 14 Tage überlassen werden.

20.10 Organisationsanweisung für die Regelung von Bewirtungs-kosten, Anbahnungsspesen und Imagewerbung

1.

Reine Repräsentationsaufwendungen sind steuerlich nicht abzugsfähige Betriebsausgaben. Aus diesem Grund müssen diese Angaben von der Geschäftsleitung speziell genehmigt werden.

2.

Für die Geschäftsanbahnungs- und Bewirtungsspesen mit Werbecharakter sowie Imagewerbung gibt es folgende Regelung.

2.1

Derartige Ausgaben sind im jährlichen Kosten- und Ertragsbudget festzulegen.

2.2

Es muss ein direkter Zusammenhang mit einem konkreten Geschäftsabschluss (Behörden, Großabnehmer, u.a.) bestehen.

2.3 Bewirtung zu anderen Anlässen

An die Teilnehmer von Seminaren, Konferenzen und Präsentationen von neuen Produkten und Modellen können Imbisse und Getränke, soweit sie den üblichen Rahmen nicht überschreiten, verteilt werden. In solchen Fällen sind die entstandenen Kosten als Schulungskosten oder Imagewerbung zu verrechnen.

2.4 Werbegeschenke

Werbegeschenke müssen unbedingt eindeutig auf die vom Unternehmen erzeugten und/oder gehandelten Produkte oder auf das Unternehmen werbend hinweisen.

2.5 Freiwillige Sozialaufwendungen

Ausgaben für Jubiläumsgeschenke, Betriebsausflüge und Feiern sind im Vorhinein von der Geschäftsleitung zu genehmigen.

3. Belege

3.1

Die Belege müssen den §4 V Nr.1+2 des EStG bzw. der R 21(5) der EStR entsprechen. Als Belege werden von der Finanzverwaltung nur ordnungsgemäß ausgefüllte Rechnungen anerkannt. Zur Glaubhaftmachung gegenüber der Finanzbehörde muss der Beleg eine detailliert Auskunft über den Verzehr aufweisen und darf nicht pauschal mit „Speisen und Getränke" beschriftet sein.

3.2

Belege sind entsprechend den steuerlichen Vorschriften auszustellen:

- Name und Anschrift der Gaststätte
- Name und Anschrift des Empfängers
- Datum
- Detaillierter Ausweis des Verzehrs.

3.3

Diese Rechnungen sind dem zuständigen kostenstellenverantwortlichen Vorgesetzten (mit Handlungsvollmacht i.V.) vorzulegen. Mit seiner Unterschrift dokumentiert der Vorgesetzte sein volles Einverständnis mit der Ausgabe.

3.4

Der Bewirtungsbeleg ist auf der Rückseite oder in einem Anhang um folgende Informationen zu ergänzen:

Bewirtete Personen (z.B. „Bewirtung von Herrn XY der Firma XY")

- Anlass der Bewirtung bzw. Grund für das Geschenk
- das zu belastende Profit Center
- Unterschrift des Verursachers und des anweisenden Vorgesetzten.

20.11 Organisationsanweisung für die Eingangs- und Ausgangspost

1. Eingangspost

Die Post wird täglich am Beginn eines Arbeitstages von einem Mitarbeiter in der Post abgeholt und in den Empfang gebracht. Dort wird die Eingangspost geöffnet und den Eingangspostmappen der verschiedenen Abteilungen zugeordnet.

Alle Termine, die sich aus dem Posteingang ergeben, werden von den Sekretär(inn)en in den Terminkalender eingetragen. Anschließend wird die Postmappe an den Geschäftsführer und von diesem an die Abteilungsleiter weitergegeben. Der Abteilungsleiter teilt die Post an die zuständigen Sachbearbeiter aus.

Eingangsstempel

Die eingehenden Schriftstücke werden an einer freien Stelle mit dem Eingangsstempel versehen. Der Stempel muss eine Datumseinstellung aufweisen, die jeden Tag aktualisiert werden muss.

2. Ausgangspost

Die Post wird im Laufe des Tages in der dafür vorgesehenen Postausgangskiste, die im Sekretariat steht, gesammelt. Nach Postschluss (Mo bis Do 15.00 Uhr, Fr 12.00 Uhr) wir die Post vom/von der Sekretär(in) mit einem passenden Kuvert in die Postausgangsmappe gelegt und dem Abteilungsleiter oder

Geschäftsführer vorgelegt. Nach der Kontrolle durch die Abteilungsleiter oder Geschäftsführer wir die gesamte Ausgangspost von einem/r Sekretär(in) in das EDV-mäßig geführte Postbuch eingetragen. Es wird von links nach rechts eingetragen, ob der Brief eingeschrieben und/oder per Express versendet wird, weiterhin der Name und die Postleitzahl des Empfängers in Klammer, und der Inhalt der Postsendung kurz beschrieben.

Dann werden die Briefe vom/von der Sekretär(in) in das beiliegende Kuvert gesteckt und zugeklebt. Die Postsendungen werden vom/von der Sekretär(in) abgewogen und frankiert.

Die gesamte Ausgangspost eines Tages wird von Montag bis Donnerstag spätestens ab 17.00 Uhr und am Freitag spätestens ab 13.00 Uhr zur Post gebracht.

Für jeweils eine Woche hat abwechselnd ein(e) Sekretär(in) die Ausgangspost auf die Post zu bringen. Pakete werden gesammelt und am nächsten Wochentag bei der Abholung der Eingangspost zur Post mitgenommen und verschickt.

21 Durchführung von IKS Prüfungen

1. Prüfungsvorbereitung

Vor Prüfung eines internen Kontrollsystems sollte dem Prüfer vom Auftraggeber eine Kontaktperson (z.B. Controller) aus dem Unternehmen genannt werden, der

- in der Lage ist, dem Prüfer die Aufbau- und Ablauforganisation zunächst grob darzustellen; Organigramme und Ablaufdiagramme sind hierzu hilfreich;
- mit ihm eine Betriebsbesichtigung durchführt.

Unter Verwendung allgemeiner IKS-Checklisten (auch Internal Control Questionnaires – ICQ genannt) muss vom Prüfer eine auf das Unternehmen spezifische Liste von Prüfungspunkten aufgestellt werden.

Danach sollte eine Vorbesprechung mit dem Auftraggeber und der namhaft gemachten Kontaktperson stattfinden. Hierbei sollte vom Auftraggeber und den genannten Kontaktpersonen die Prüfliste ergänzt und weiter spezifiziert werden.

Die voraussichtliche Dauer der Prüfung muss gleichfalls abgesprochen werden.

Eine Ausdehnung der Prüfung auf weitere Punkte muss während der Prüfung vorher mit dem Auftraggeber abgesprochen werden.

Für die erste, nicht ins Detail gehende Systemprüfung des IKS ist durchschnittlich eine Arbeitswoche vorzusehen.

Die Prüfung von internen Kontrollsystemen setzt eine betriebswirtschaftliche und organisatorische Praxis voraus. Viele Prüfungspunkte der Checkliste lassen sich jedoch auch von Revisionsassistenten mit weniger Praxis durchführen.

2. Prüfungsablauf

Wie bei jeder Kontrolle erfasst der Prüfer zunächst den Ist-Zustand und vergleicht diesen mit dem Soll-Zustand. Letzterer ist entweder vorgegeben (Organisations-, Arbeits- und Dienstanweisungen, etc.) oder ist von ihm modellhaft zu entwickeln. Ein vorgegebener Soll-Zustand ist auf seine Effektivität hin kritisch zu beurteilen. Alle Prüfungsfeststellungen sind ausreichend durch Fakten zu erhärten.

Der vorgefundene Sachverhalt ist unter Berücksichtigung aller wesentlichen Zusammenhänge kritisch zu analysieren und zu bewerten. Dabei sind die Ursachen für die festgestellten Mängel und Abweichungen nicht nur darzustellen sondern auch Lösungs- bzw. Verbesserungsmöglichkeiten aufzuzeigen.

2.1 Arbeitspapiere

Während der Prüfung sind über die gemachten Feststellungen schriftliche Aufzeichnungen auf hierfür vorgesehenen Arbeitspapieren zu führen. Zahlenangaben sind zu überprüfen, Aufstellungen und sonstige Unterlagen sollten kopiert den Arbeitspapieren beigefügt werden.

Die Arbeitspapiere sind als Dokumentation so zu erstellen, dass ein sachkundiger Dritter in der Lage ist, den Prüfungsablauf nachzuvollziehen.

2.2 Einbeziehen der geprüften Stellen in den Prüfungsvorgang

Der Prüfer muss einen möglichst vollständigen Überblick erhalten. Alle erforderlichen Aufklärungen und Nachweise müssen von den geprüften Stellen zur Verfügung gestellt werden.

Es ist daher zielführend während der gesamten Prüfung die involvierten Mitarbeiter der geprüften Stellen einzubeziehen. Diese Mitarbeiter sind so zu motivieren, dass sie durch ihre konstruktive Mitarbeit zur Verbesserung der Wirtschaftlichkeit, der Sicherheit und der Ordnungsmäßigkeit beitragen. Zum Prüfungserfolg gehören auch Verbesserungsvorschläge, die von Seiten der Mitarbeiter kommen.

2.3 Hinzuziehung von Spezialisten

Zur besseren Beurteilung spezieller Probleme wird es fallweise notwendig sein, im Einvernehmen mit dem Auftraggeber einen weiteren Berater (EDV-, technische Prüfungen) heranzuziehen.

2.4 Vollständige Prüfung bzw. Stichprobenprüfung

Die Entscheidung darüber ob eine vollständige oder eine stichprobenweise Kontrolle durchgeführt wird, ist vom Prüfer nach Maßgabe der einzelnen Risikogrößen zu entscheiden.

2.5 Zwischenbesprechungen

Nach Abschluss eines jeden Prüfungsabschnittes ist mit den betroffenen Mitarbeitern eine Zwischenbesprechung abzuhalten. Hierbei sollte über die Prüfungspunkte möglichst Einvernehmen erzielt werden und nur die Probleme für die keine einvernehmliche Lösung gefunden wurde, sollten zur Diskussion in der Schlussbesprechung führen.

Am Ende der Prüfung ist ein Berichtsentwurf zu erstellen, der als Gesprächsunterlage für die Schlussbesprechung verwendet wird.

Dem Bericht beigelegt ist eine Prüfliste aller durchgeführten Prüfungspunkte. Im Bericht selber erscheinen nur jene Prüfungspunkte, die zur Kritik bzw. zu Verbesserungsvorschlägen Anlass gegeben haben. Alle nicht im Bericht kommentierten Prüfungspunkte gelten somit als in Ordnung befunden (*negative reporting*).

Der Bericht darf nur objektive Feststellungen, Empfehlungen und vereinbarte Maßnahmen enthalten. Es ist nicht Aufgabe des Prüfers persönliche Belobigungen bzw. Tadel auszusprechen, was ausschließlich Aufgabe der Führungsorgane des Unternehmens ist.

Selbstverständlich ist der Prüfer zur Objektivität und strengster Verschwiegenheit verpflichtet.

2.6 Schlussbesprechung

Nach Abschluss der Prüfung ist mit dem Auftraggeber und von ihm erwünschten Mitarbeitern eine Schlussbesprechung abzuhalten, in welcher an Hand des Berichtsentwurfes allen Beteiligten Gelegenheit gegeben wird zum Prüfungsergebnis Stellung zu nehmen. In der Regel werden aber schon im Verlauf der Prüfung bzw. Zwischenbesprechungen die meisten Feststellungen bei den betroffenen Stellen abgeklärt sein.

Die Prüfungsergebnisse sind genau, objektiv, klar, kurz, konstruktiv und aktuell darzustellen und zu beurteilen. Auch die Vorschläge für notwendige Verbesserungen sowie Stellungnahmen der geprüften Bereiche sind im Bericht anzuführen.

Grundsätzlich gilt nur das als berichtet, was in schriftlicher Form weitergegeben wurde.

Auf Wunsch des Auftraggebers kann den detaillierten Prüfungsfeststellungen zweckmäßigerweise eine kurze Zusammenfassung vorangestellt werden. Diese kann auch in Form eines Inhaltsverzeichnisses dargestellt werden.

3. Follow up

Es sollte mit dem Auftraggeber vereinbart werden, dass der Prüfer nach einer angemessenen Zeitspanne überprüft

- ob die gemeinsam vereinbarten Maßnahmen tatsächlich eingeleitet wurden
- ob die im Bericht ausgesprochenen Empfehlungen, über die kein Einvernehmen erzielt wurde, inzwischen geprüft und gegebenenfalls realisiert werden konnten.

Eine Prüfung ist nur erfolgreich, wenn die vereinbarten Maßnahmen und Empfehlungen zu einer nachhaltigen Veränderung geführt haben.

22 Beispiel eines Prüfberichts zum IKS: Vertrieb

Unternehmen: Exempel GmbH
Absatzbereich: Vertrieb
Prüfungszeitpunkt: Januar 2009
Prüfer: Dr. Muster

Im Zuge der Prüfung des Jahresabschlusses 2009 erfolgte im Rahmen einer ersten Systemprüfung die Prüfung des Internen Kontrollsystems (IKS).

Die Prüfung wurde in den Räumen der Exempel GmbH von Herrn Dr. Muster, Wirtschaftsprüfer und Steuerberater, durchgeführt.

Für Fragen und Auskünfte standen folgende Mitarbeiter der Gesellschaft zur Verfügung:

_____ _____ _____

_____ _____ _____

_____ _____ _____

Prüfungsziel war, im Unternehmen planvolle Methoden und Maßnahmen zu setzen, die

- geschäftsschädigende Handlungen vermeiden und somit das Vermögen der Eigentümer schützen,
- die Zuverlässigkeit des Rechnungs- und Berichtswesens gewährleisten,
- das ökonomische Prinzip in allen Abläufen sichern und somit die betriebliche Effizienz steigern und
- die Einhaltung der eigenen geschäftlichen und gesetzlichen Vorschriften sicherstellen.

Das IKS verlangt daher von allen Bereitschaft zur Kontrolle und deren Akzeptanz. Das IKS darf nicht als Ausdruck des Misstrauens verstanden werden. Ein funktionierendes IKS hilft den Führungskräften und ihren Mitarbeitern bei der Erfüllung ihrer Aufgaben.

Über das Ergebnis unserer Prüfung erstatten wir den nachstehenden Bericht, dessen Gliederung dem Inhaltsverzeichnis entnommen werden kann.

IKS-Prüfung Vertrieb

1. Mitarbeiter

Bei längerer Abwesenheit des Verkaufsleiters macht sich das Fehlen eines Stellvertreters negativ bemerkbar, weil die einzelnen Sachbearbeiter keine über ihren Sachbereich hinausgehenden Entscheidungen treffen können. Bei Rückfragen vom Außendienst an die Verkaufsleitung müssen hinsichtlich Reklamationen, Rabatte, Zahlungskonditionen oft rasche Entscheidungen getroffen werden.

2. Preise – Kalkulationen

Die Verkaufspreise ermittelt der Verkaufsleiter aufgrund der von der Kostenträgerrechnung vorgegebenen Selbstkosten. In diesen Selbstkosten fehlt jedoch die AfA-Komponente, was der Verkaufsleitung nicht bewusst ist. Der Verkaufsleitung sollte daher für jede Produktgruppe die Herstellkosten, die anteilige AfA und die Gemeinkosten bekannt gegeben werden. Zur Kalkulation der Verkaufspreise müssen unbedingt der Controller und die Geschäftsleitung beigezogen werden.

Individuelle Rabatte, Boni, Provisionen und Zahlungsziele werden nach verkaufspolitischen Zielen festgelegt. Es wird hierbei auf die dann noch erzielbaren Deckungsbeiträge zu wenig Rücksicht genommen.

3. Provisionen

Die Provisionen werden in % vom Umsatz bezahlt. Nachdem es zurzeit 242 (!) verschiedene Zahlungskonditionen (siehe P 4) gibt, muss unbedingt das Provisionssystem auf Basis von Deckungsbeiträgen installiert werden. Die Vertreter und Vermittler haben einen limitierten Nachlassrahmen, den sie jetzt, weil es ihre Provisionen nur marginal schmälert, meistens voll nutzen.

Nicht plausibel ist es für den Prüfer, dass manchmal für ein und dasselbe Geschäft sowohl der Vertreter wie auch ein externer Vermittler eine Provision erhalten.

4. Fakturierung

4.1 Zahlungskonditionen

Insgesamt sind zurzeit 242 verschiedene Zahlungskonditionen im Fakturierprogramm gespeichert, weil man den Vertretern die Freiheit lässt, im Kundengespräch Sonderkonditionen auszuhandeln. Bei Festlegung der Konditionen wurde nie nachgerechnet, wie stark dies den Deckungsbeitrag beeinflusst.

Gewährte, unüblich lange Zahlungsziele sollten überprüft werden.

4.2 Streckengeschäfte

Vermehrt werden durch den eigenen Fuhrpark und Speditionen Handelswaren direkt beim Hersteller abgeholt und direkt (ohne über die Lagerbuchhaltung zu laufen) den Kunden zugestellt. Die Faktura des Herstellers wird von der Verkaufsabteilung weiter fakturiert. Weil bei Streckengeschäften kein Versandauftrag in die Fakturierung kommt, ist zur Sicherheit folgende Regelung notwendig: Streckengeschäfte werden über die Lagerbuchhaltung geführt. Es kommen deshalb Bestellscheine des Kunden, Lieferscheine, Versandaufträge und Eingangsrechnungen als Unterlage zur Fakturierungsstelle. Zur weiteren Kontrolle sollte die Buchhaltung ein Konto „Streckengeschäfte Einkauf" und ein Konto „Streckengeschäfte Verkauf" einrichten.

4.3 Innerbetriebliche Lieferungen und Leistungen, Mitarbeiterverkauf

Die Preisgestaltung sollte mit dem Controller abgestimmt werden.

4.4. Vorausrechnungen

Aus budgetären Gründen lassen sich Behörden Lieferungen im Folgejahr voraus fakturieren. Darüber hinaus sollte dem Verkauf aber ausdrücklich untersagt werden, Gefälligkeits- oder fingierte Rechnungen, denen keine tatsächliche Lieferung zugrunde liegt, auszustellen. Dies gilt auch, wenn diese nachträglich wieder storniert werden.

4.5 Teilrechnungen – Schlussrechnungen

Es gibt keine Kontrollautomatik, dass nach der letzten Teilverrechnung verlässlich eine Schlussrechnung ausgestellt wird.

1. Rechnungskontrolle

Die Mitarbeiterin für die Rechnungskontrolle leidet darunter, dass die Kunden-, Preis- und Konditionendateien nicht gepflegt werden. Infolge des schwierigen Verkaufsmarktes kommt es zu häufigen Preisveränderungen, die nicht zeitgerecht und lückenhaft in die Dateien gelangen. Rückfragen bei den Verkaufssachbearbeitern sind die Folge. Die Preisänderungen und Sonderpreise für Kunden sollten schon bei Auftragseingang täglich und nicht bei Auslieferung eingegeben werden. Die Rechnungskontrolle muss zumindest stichprobenweise beibehalten werden, weil die Fehlerquote zu hoch ist (Kundenreklamationen!).

2. Bonitätsprüfung

Diese wird im Verkauf durchgeführt. Auskunftseinholung und Festlegung der Kreditlimits sollten federführend vom Leiter des Rechnungswesens unter Einbeziehung des Verkaufsleiters durchgeführt werden.

3. Kundenreklamationen

Kundenreklamationen bringen eine Minderüberweisung von Kundenzahlungen mit sich. Diese Minderüberweisungen werden dem Verkauf per Telefon mitgeteilt, der in den meisten Fällen schon die Reklamationsschreiben in Händen hat. Die Reklamationen werden von der Verkaufsabteilung schleppend abgewickelt. Erst zum Bilanzstichtag werden auf Druck des Rechnungswesens die Gutschriften an die jeweiligen Kunden erstellt. Es lässt aber auf eine schlechte Bearbeitung der Reklamationen schließen, wenn Gutschriften bis zu einem Jahr im Nachhinein erstellt werden. Meistens gehen die Originale gar nicht mehr zu den Kunden, weil dort längst der Abzug verbucht wurde, und nur die Buchhaltung erhält ihre Buchungskopie zum Ausbuchen der Minderüberweisung.

Eine Verbesserung wäre gegeben, wenn die Buchhaltung ihre Minderüberweisung als schriftliche „Zahlungsdifferenzmeldung" (siehe Anlage 1: Zahlungsdifferenzmeldung) an den Verkauf senden würde, der seine Maßnahmen auf dieser Meldung eintragen und an die Buchhaltung retournieren müsste. Jeden Monat sollte die Buchhaltung alle nicht erledigten Reklamationen, die älter als einen Monat sind, im Verkauf anmahnen.

Der Buchhaltung müsste absolut untersagt werden mit Eigenbelegen Minderüberweisungen auszubuchen.

4. Dienst- und Organisationsanweisung

Um die interne Kontrolle systematisch abzusichern, wäre eine schriftliche Dienstanweisung für den Verkauf hilfreich.

23 Abkürzungsverzeichnis

Abs	Absatz
Abschn	Abschnitt
AG	Aktiengesellschaft
AktG	Aktiengesetz
ARGE IR	Arbeitsgemeinschaft Interne Revision
Art	Artikel
ATS	Österreichischer Schilling
AO	Abgabenordnung
bzw	beziehungsweise
AktG	Aktiengesetz
HGB	Handelsgesetzbuch
dg Verlag	Deutscher Genossenschaftsverlag
d.h.	das heißt
DSWR	Zeitschrift für Datenverarbeitung – Steuer – Wirtschaft – Recht
EDV	elektronische Datenverarbeitung
ERFA	Erfahrungsaustausch
EStG	Einkommensteuergesetz
EStR	Einkommensteuerrichtlinien
etc.	et cetera
GF	Geschäftsführer
Hrsg	Herausgeber
HGB	Handelsgesetzbuch
ICQs	Internal Control Questionnaires
IKS	Internes Kontrollsystem
IR	Interne Revision
KonTraG	Gesetz zur Kontrolle und Transparenz im Unternehmensbereich
KSV	Kreditschutzverband 1870
Mio.	Million
MIS	Management-Informationssystem
P	Punkt
PKW	Personenkraftwagen
Rz	Randzahl
SAP AG	Systems, Applications and Products in Data Processing Aktiengesellschaft
StGB	Strafgesetzbuch
SR	Schriftenreihe
usw.	und so weiter
VS/GF	Vorstand/Geschäftsführer
WP-HB	Wirtschaftsprüferhandbuch
uU	unter Umständen
z.B.	zum Beispiel

24 Literaturverzeichnis

Arbeitsgemeinschaft Interne Revision, Grundsätze des Internen Kontrollsystems, Hrsg. (1985)

dg, Deutscher Genossenschaftsverlag, Prüfungsfragen zum Internen Kontrollsystem, Hrsg. (1990)

Haendel, K., KSV Insolvenzanalyse 1999, Wirtschaftsblatt (27.1.2000)

Holzer, P./Makowsky, A., Corporate Governance und der Aufsichtsrat, in RWZ (1996)

Institut für Betriebswirtschaft, Steuerrecht und Organisation der Kammer der Kammer der Wirtschaftstreuhänder, Fachgutachten – Die Ordnungsmäßigkeit von EDV-Buchführungen, Hrsg. (1999)

Institut der Wirtschaftsprüfer in Deutschland e.V., Wirtschaftsprüfer – Handbuch für Rechnungslegung, Prüfung und Beratung, Band I (1986)

Klinger, M./Klinger, O., ABC der Gestaltung des Internen Kontrollsystems (IKS) im Unternehmen, Verlag Linde, 2. Auflage, Wien 2008

Klinger, M./Klinger, O., Muster-Prüfberichte zum Internen Kontrollsystem, Verlag Linde, Wien 1999

Klinger, M.,/Klinger, O., Zur Gestaltung und Prüfung der internen Kontrolle im Unternehmen, in DSWR (1999)

Königsmaier, H., Internal Control Questionnaires als Hilfsmittel bei der Prüfung des Internen Kontrollsystems, in RWZ (1998)

Königsmaier, H., Flow-charts als Hilfsmittel bei der Prüfung des Internen Kontrollsystems, in RWZ (1997)

Krystek, Müller, Prechtl, Risikokontrolle und Haftung nach dem KonTraG, (1998)

Löffler, H./Mittermair, K., Handbuch zum Internen Kontrollsystem (2000)

Mandl, D., Rechnungswesen und internes Kontrollsystem, in RWZ (1997)

Mandl, D./Bertl, R./Winterheller, M./Fattinger, S./Frühwirt, W., Handbuch der Unternehmenspraxis (1986)

Marthinuss, G./Perry I., Small Business Audit Manual (1992)

Meßmer, D./Saliger, M., Die Änderungen des Aktiengesetzes durch das KonTraG und ihre Auswirkungen auf die Haftungsverhältnisse in AG, GmbH und Genossenschaft, Internet bavaria-re-com/infothek (23.5.2000)

Peinel Ernst., Das Interne Kontrollsystem (ORAC 1988)

Pfleger, G., Checkliste für die Jahresabschlussprüfung bei mittelständischen Unternehmen (1988)

Potthoff, E./Trescher, K., Controlling in der Personalwirtschaft (1986)

Preissner, A., Marketing-Controlling, 3. Auflage (1996)

Radke, M., Betriebswirtschaftliche Formelsammlung, 3. Auflage (1969)

SAP AG, Arbeitskreis Revision, Prüfungsleitfaden F1 für SAP-P/3, Hrsg. (1997)

Über die Autoren

Dr. Michael A. Klinger ist selbstständiger Wirtschaftsprüfer, Steuerberater und Unternehmensberater in Salzburg, Lehrbeauftragter für Betriebswirtschaftslehre an der Universität Salzburg, Präsident des österreichischen Steuervereins, Vorstandsmitglied des Vereins IKS – Institut für Interne Kontrollsysteme sowie Vizepräsident der Kammer der Wirtschaftstreuhänder, Salzburg. Er ist Autor zahlreicher Aufsätze und Bücher wie beispielsweise „ABC der Gestaltung und Prüfung des Internen Kontrollsystems (IKS) im Unternehmen", Linde Verlag, 2. Auflage, Wien 2008, „Effektives Kanzlei-Marketing für Steuerberater", Linde Verlag, Wien 2000, „Was Unternehmen erfolgreich macht", Salzburg 2002, „Unternehmer und Finanzamt", Salzburg 2006, sowie „Unternehmer und Vermögensplanung", Salzburg 2008.

Dir. Oskar Klinger war Leiter der Konzernvision der Porsche Holding und ist nunmehr Unternehmensberater und Vorstandsmitglied des Vereines IKS – Institut für Interne Kontrollsysteme. Er ist ebenfalls Autor zahlreicher Aufsätze und Bücher zum Thema „Interne Kontrollsysteme". Mit seiner langjährigen Praxis auf dem Gebiet des Revisionswesens wurde er sowohl als Trainer für Revisoren als auch als Fachvortragender bei zahlreichen Veranstaltungen im In- und Ausland bekannt.